Irmela Erckenbrecht

Zucchini

CHANGE 7 日本の不動産市場は下落に転じたのか

図7-2 公示地価の推移

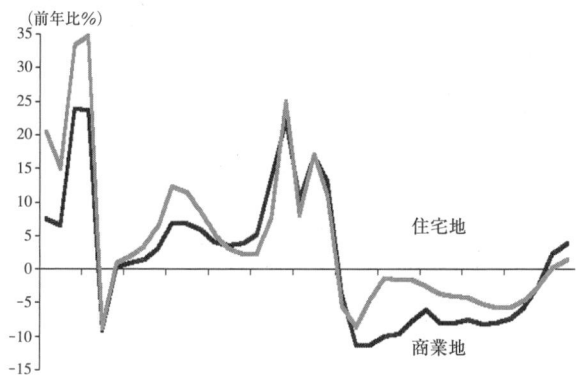

注：全国平均、毎年1月時点
(出所：国土交通省)

動産市況の予想には国際分析が必要になってきました。米国で不動産価格が下落して、サブプライムローン問題が深刻化し、海外金融機関が日本向け不動産融資を絞ると、日本の新興不動産企業が相次いで倒産しました。一見、取引がドメステックにみえる不動産取引がグローバル化している証拠です。

92年から06年まで15年にわたって下落した地価も底入れし、08年1月時点の公示地価は、全国全用途平均で前年比1・7％の上昇と、2年連続で前年を上回りました。

しかし、地価の二極化現象は依然として続いています。東京都の商業地は前年比15・8％上昇し、住宅地も9・1％上昇しま

たが、地方圏は住宅地が1・8％下落し、商業地が1・4％下落しました。東京都心部には新しい高層ビルが乱立する一方、地方の駅前はシャッター通りと揶揄されるさびれたエリアが少なくありません。東京には地方からの人口流入、大企業の人員採用増加、外国からの投資資金の流入があった一方で、地方の地価は人口減少、公共事業削減、工場の中国移転などの悪影響が出ています。東京ビジネス地区（中央区、千代田区、港区、渋谷区、新宿区）では、オフィスビルの大量供給の03年問題をクリアした後、空室率が03年から低下し、賃料が04年から上がり始めました。

建築基準法改正や信用収縮で不動産市況が悪化

一旦は急回復した不動産市況ですが、07年秋以降、変調し始めました。07年の全国全用途地価は年間を通じては前年の0・4％以上上昇したものの、前半と後半を分けると後半は上昇率が鈍りました。東京・大阪・名古屋の3大都市圏において、商業地の約7割、住宅地の約6割で07年後半の上昇率が前半を下回りました。東京ビジネス地区の平均空室率は08年1月の2・6％を底に上昇に転じて、8月には3・9％まで上昇しました。仙台や福岡などの地方都市の新築オフィスの空室率に至っては40～50％まで高まり

CHANGE 7　日本の不動産市場は下落に転じたのか

ました。不動産鑑定会社の三井システムアプレイザルによると、7～9月の東京都全体の地価指数は前年同期比5・6％の下落と、3年ぶりに下落に転じました。

不動産市況悪化の海外要因としては、07年夏にサブプライムローン問題が浮上し、リスク許容度が低下した外国人投資家の日本の不動産市場への投資や、海外金融機関の不動産融資が減ったことが挙げられます。リストラで外資系金融機関などのオフィス需要も減退しました。

国内要因では、07年6月に施行された建築基準法改正によって、住宅着工が一時前年比で5割以上落ち込み、08年6月まで12カ月連続で前年を下回りました。建築基準法改正は姉歯秀次・元一級建築士によるマンションやホテルの耐震強度偽装事件をきっかけに、建物の安全性を第三者が二重に点検する仕組みが導入され、申請後の設計図の修正や差し替えが原則的に廃止されました。その際、行政の十分な準備なしに施行されたため、建築認可が滞って景気全般に悪影響を与えたのです。米国より日本の方が住宅投資の瞬間的な落ち込み度合が大きかったため、外国人投資家からは米国と日本のどちらにサブプライムローン問題があったのかわからない、日本政府は景気を故意に悪化させたいのではと揶揄される原因にもなりました。

不動産投機を懸念する金融庁からの指導もあり、国内銀行の不動産向け融資は、07年6月末の前年同期比8・3％増から、08年6月末に1・1％まで伸び率が鈍化しました。07年9月に施行された金融商品取引法で、不動産ファンドの監督・規制が厳しくなりました。不動産ファンドは規制が及ばない商法の匿名組合契約を利用し、投資家の資金を集められれば設立が容易でしたが、金融商品取引法施行によって、ファンド業者は金融庁に登録・届出義務が課され、投資家保護を目的とした広告規制、リスク情報の開示義務、組織体制などで厳格な規制を受けることになりました。

07年度の首都圏のマンション新規発売戸数は、前年度比18％減の5・8万戸と、14年ぶりの低水準に落ち込みました。中国の旺盛な鉄鋼需要を背景に、鋼材が34年ぶりの高値に上昇したことや、地価上昇によって、首都圏のマンションの販売単価が前年比10％上昇し、平均販売価格が4689万円と15年ぶりの高値を記録しました。マンション価格の上昇にもかかわらず、賃金が伸び悩んだため、07年夏以降、マンションの買い控え傾向が鮮明になりました。これは、アフォーダビリティ（住宅購入余力）の低下が原因です。不動産経済研究所によると、首都圏の08年のマンション新規販売戸数は15年ぶりに5万戸を割り込む見通しです。

CHANGE 7　日本の不動産市場は下落に転じたのか

建築基準法改正に伴う建設着工の急減、不動産市場に流れる資金の世界的な収縮、マンション市況の悪化は、新興や中堅の不動産・建設会社の経営悪化につながり、上場企業でも倒産がみられるようになりました。08年3月に大証ヘラクレス上場の不動産開発のレイコフ、6月に東証2部上場の不動産会社のスルガ、7月に東証1部上場の中堅建設会社の真柄建設と不動産開発会社のゼファー、ジャスダック上場の三平建設などが、次々と倒産しました。国内外の景気悪化と世界的な信用収縮で、建設・不動産業界は厳しい経営環境が続きそうです。

不動産取引の活性化に寄与したJ-REIT

国土交通省の土地取引金額の動向によると、法人の土地購入が05年の22・6兆円から06年に25・7兆円へ3兆円強増えた一方、個人の土地購入は05年の15・4兆円から06年に15・8兆円と微増にとどまり、国等の土地購入は05年の2・9兆円から06年に2・7兆円へ減りました。法人の土地購入はバブル崩壊以降の90年代前半に大きく減少しましたが、最近は法人の土地購入の活発化が、地価回復につながりました。

日本全体の土地資産額は06年末に1228兆円と前年比で0・5％増えましたが、ピ

ークだった90年末の2452兆円と比べればまだ半分の水準です。逆にいえば、GDPの2倍以上の土地の資産価値が消失したわけですから、銀行の不良債権が巨額になり、経済へ大きな逆資産効果を与えたことも頷けます。

01年9月に誕生したJ−REIT(不動産投資信託)は、不動産市場の活性化に貢献しました。日本ではバブル崩壊以降、金融システム不安につながった不動産価格の下落を止めるべく、政府対策や金融緩和策が五月雨的に打たれましたが、地価はなかなか回復しませんでした。長期にわたる地価下落で、地価が収益還元に見合う水準まで下落したことに加え、J−REITが透明な価格で買い手と売り手を結び付けて、不動産市場の流動性を高める役目を果たしました。

東証REIT指数は、03年3月の算出開始以来、07年5月のピークまで2・6倍に上昇した後、08年3月までに約半値に急落し、9割のJ−REITが解散価値割れとなりました。10月に東証REIT指数は、指数算出開始時の基準値である1000を初めて割り込みました。資金調達難や投資家への分配金の原資確保のために、J−REITが保有不動産を売却する動きが広がりました。J−REIT市場の活性化のためには、禁止されているJ−REITによる自社株買いや、実務的に困難なJ−REIT同士のM&

CHANGE 7　日本の不動産市場は下落に転じたのか

Aなどを促進する必要があるでしょう。

J－REITの主体別売買をみると、株式同様に外国人比率が高く、07年に外国人が55％の売買シェアを占めました。外国人投資家が07年春以降、売り越し傾向に転じ、J－REIT価格が下落しました。07年の年間を通じてみると、外国人投資家はJ－REITの最大の買い手で、3928億円を買い越しました。最大の売り手は個人投資家で、2415億円のJ－REITを売り越しました。投信は719億円の買い越し、金融機関は454億円の売り越し、事業会社が418億円の売り越しでした。日本株では、事業会社が自社株買いで買い越しになっている点がJ－REITと異なりますが、他の主体別売買は外国人投資家買い＆個人投資家売りなど、日本株とJ－REITには同じ傾向がみられます。外国人投資家は08年に入ると、J－REIT市場も外国人に依存した需給構造になっていることがわかります。このことから、J－REITを売り越し基調になり、J－REIT市場の下落につながりました。

外国人に次いで、J－REIT市場の拡大に貢献したのは個人投資家ですが、この背景には日本の投信会社が内外のREITに投資する投信を相次いで設定したことがあります。07年後半以降はREIT価格の世界的な下落により、REIT投信のパフォーマ

ンスが悪化しました。10月にはニューシティ・レジデンス投資法人が上場REITとして初めて倒産しました。J-REITの予想利回りには20％超もでてきましたが、不動産市場全般に信用リスクが高まっているため、J-REITへの投資は、保有資産による選別が重要です。

グローバル化する不動産取引

不動産市場はグローバル化しています。三菱地所と三井不動産でも、外国人保有比率が各々41％、50％に高まりました。三菱地所は丸の内の再開発を進め、08年3月期まで4期連続で最高経常利益を更新、三井不動産は日本橋地域や六本木ミッドタウンの再開発を進め、5期連続で最高経常利益を更新しました。三菱地所は丸の内地区に注目する投資家が多く、M&A観測が出ることもあるため、07年5月に買収防衛策を導入しました。

01年のグランドハイアット（六本木）に始まり、コンラッド（汐留）、リッツカールトン（六本木）、マンダリンオリエンタル（日本橋）、07年のペニンシュラ（日比谷）まで外資系高級ホテルが相次いで開業したことも、不動産市況の活性化につながりました。同

CHANGE 7　日本の不動産市場は下落に転じたのか

時に、帝国ホテルなど国内系老舗ホテルは、改装やサービス向上の対抗策を求められることになりました。円安傾向もあったため、東京の高級ホテルの宿泊費は、ニューヨークやロンドンの同レベルのホテルに比べてまだ割安のように感じられます。例えば、ロンドンの高級ホテルでは企業割引を使っても、宿泊費が5万円、朝食が5000円程度します。東京に宿泊した外国人投資家が東京の物価の安さを肌身で感じて、日本の不動産市場や不動産株に強気になった面もあったようです。

外国人投資家はニューヨーク、ロンドン、香港の地価と金利動向を比較して、東京の不動産が相対的に魅力的と判断しています。外国人投資家は、日本のインフレ率が高まってくれば、現預金や債券に偏ったポートフォリオをもつ国内投資家が、インフレヘッジのために、不動産にいずれ投資してくるとの期待を抱いています。

不動産価格は基本的に国の景気や金利などのファンダメンタルズにより決まりますが、世界的規模で投資マネーが増えたことで、不動産価格の連動性が高まりました。米国では住宅価格指数が06年7月のピークに比べ2割近く下落し、90年代の日本の二の舞になるとの懸念が強まっています。

米国では、ホーム・エクイティ・ローンと呼ばれる保有住宅の時価が既存のローン残

高を上回る部分を担保に借入れをして、消費に回していましたが、住宅価格の下落で逆回転を始めました。しかし、米国政府は日本の長期デフレの失敗を反面教師にし、早めの政策対応を採っていること、米国は日本と異なり人口が増えていることを鑑みれば、米国の不動産価格が日本のように15年も下落することはないでしょうが、米国の不動産価格の下落は今後数年間は続くと予想されています。

米国大手証券は株式売買を取り次ぐブローカレッジ業務だけなく、自己勘定で不動産そのものや不動産関連証券へ積極的な投資をしてきました。例えば、米国のゴールドマン・サックスは、07年8月に宝飾品大手のティファニーから銀座本店ビルを約370億円で取得しました。モルガン・スタンレーも07年4月に全日空の13のホテルを2830億円で購入しました。複雑な証券化商品や資金調達手法を駆使して、自己資本の何十倍にも当たる投資をしてきたため、08年の金融危機の深刻化で、株価が急落して、米国大手証券は業界再編や経営戦略の変更を求められることになりました。リーマン・ブラザーズに買い手が現れずに倒産に至ったのは、他の米国大手証券より不動産投資のリスクが大きかったからともいわれています。

米国不動産投資会社のラサール・インベストメント・マネージメントは、08年3月に

CHANGE 7　日本の不動産市場は下落に転じたのか

東京で開いた不動産投資戦略説明会で「今後、3年間で150〜200億ドル（約2兆円）をアジア地域に投資する。うち半分の資金を日本市場に振り向ける」と述べて、特に日本の物流分野と商業施設への投資意欲を示しました。16兆円の預かり資産をもつ世界最大級の不動産ファンド運用会社であるINGリアルエステートのアジア地区代表のリチャード・プライス氏も「日本の不動産市場には期待している。サブプライムローン問題の影響で今年はスローダウンするが、09年には再び成長が戻ってくるだろう」と述べました（『日経ヴェリタス』08年7月27日）。このように外国人投資家の日本の不動産への投資意欲は根強いものがありますが、実際に大規模投資が行われるかは、世界的な金融危機で厳しさが増した資金調達が可能かどうかに依存するでしょう。

事業会社に求められる不動産の有効活用

日系ファンドで不動産に積極的な投資を行っているのが、不動産ファンドのダヴィンチ・アドヴァイザーズです。ダヴィンチ・アドヴァイザーズは、米国で不動産業を行っていた金子修社長が98年に創設した会社で、積極的な投資で急成長しました。最近、都心部でも森ビルほどではありませんが、ダヴィンチというビルを見かけるようになりました。

大型の出資確約型オポーチュニティ・ファンド(通称1兆円ファンド)を運用しており、スピーディな投資判断で、国際赤坂ビル、芝パークビル、パシフィック・センチュリー・プレイスなどに大型投資してきました。

07年7月に行ったビル賃貸のテーオーシーに対する敵対的TOB(株式公開買い付け)は、過半数の株を取得できずに失敗しましたが、07年12月に不動産関連企業等を投資対象に企業投資ファンドを運用するために、全額出資のコロンブスを設立しました。コロンブスは総投資額2000億円を予定しており早速、東証1部上場の新日本建物の株式33%を取得し、友好的な業務提携を結びました。

日本で長い歴史がある事業会社には良い場所に不動産を保有しながら、有効活用していない企業が少なくありません。この意味で全日空は、ホテル売却で得た資金を燃費が良い航空機の購入費や財務体質の改善に充てた点が評価されました。元々、日本企業の本社機能は東京に集中していますが、漁業や紙パルプの会社などが都心の一等地に本社を抱える理由は、株主からみれば疑問です。事業会社の経営者にとって不動産の含み益は、事業に失敗したり、リストラを行う際の資金捻出手段になるので、含み益のある不動産所有は心地よいものの、含み資産に安住して本業の経営に厳しさが欠ける恐れがあ

CHANGE 7　日本の不動産市場は下落に転じたのか

るのです。

投資家、特に外国人投資家や積極的な経営提案を行うアクティビスト・ファンドは、事業会社に不動産の有効活用を求めています。不動産事業が本業との関連性が低く、自社で有効活用できないならば、外部の専門知識を利用すべきでしょう。00年に旧村上ファンドからTOB（公開買い付け）を仕掛けられた昭栄は、保有不動産の有効活用や株主重視の経営を行うようになり、業績が急拡大し、東証分類でも繊維から不動産セクターへ移行しました。

また、サッポロホールディングスは08年1～6月のビール系飲料の出荷シェアで、初めてサントリーに抜かれて4位に転落しましたが、同社に対しては筆頭株主のスティール・パートナーズが販売商品の絞り込みや不動産の有効活用を提言していました。優良不動産をもつがゆえ、本業に慢心があった可能性があります。

空港の利便性改善は喫緊の課題

私は日本株説明のための外国人投資家訪問で、海外主要都市の空港をよく利用しますが、成田空港ほど不便な空港はないと感じています。地理や言葉に不案内の外国人は海

外では空港からタクシーを利用することが多いですが、成田空港は遠すぎて、東京駅までタクシーを利用する外国人はほとんどいないでしょう。オイルマネーで潤うアラブ首長国連邦（UAE）のドバイへ日本株営業に行こうと思えば、成田からの直行便はなく、関西空港経由か、香港やバンコク経由になります。日本ではカジノが認可されていないので、金曜日の仕事を終えてからマカオへカジノをしに行こうと思えば、羽田からの直行便はないため、関西空港経由となります。日本の観光客に人気が高いスペインへの東京からの直行便がないのも不思議です。

このように成田は不便ですが、それでも約40カ国の航空会社が乗り入れを希望していながら実現していないといいます。改善したとはいえ、成田空港の商業施設は海外主要空港に比べてまだ貧弱です。成田空港の設置・管理を行う成田国際空港株式会社（NAA）は、09年度に上場を目指しています。国土交通省は日本の空の玄関が外資の支配下に置かれると、安全保障上の懸念が生じるとして、空港への外資持株規制を検討していますが、その前に空港の利便性を改善すべきだと考えます。

政府は成田＝国際線、羽田＝国内線の基本的考え方を堅持し、羽田の国際線は国内発で最も長い羽田～石垣より短い区間にするとの原則がありました。日本は、あまり利用

CHANGE 7　日本の不動産市場は下落に転じたのか

されない地方空港を相次いで開港する一方、国際空港の整備が遅れてきました。09年3月には新幹線の便が良い静岡で、静岡空港が開港する見込みです。燃料費の高騰で、日本航空と全日空は採算が悪い地方空港路線の廃止や減便に乗り出しています。誕生の仕方が不幸だった成田や、経済不振が続く地方への配慮を優先しすぎると、空港間の国際競争に敗れて、大手製造業の国内流出が起きる恐れがあるでしょう。

国土交通省はようやく重い腰を上げて、羽田の国際化へ舵を切り始めました。羽田から飛べる海外の都市はソウルと上海だけでしたが、08年4月に香港線も就航しました。都心への便が良い羽田空港は、10年に第4滑走路が新設されて、年間発着枠が11万回増える予定です。国土交通省は当初、国際線を3万回増やす方針でしたが、08年5月に倍増の6万回を国際線に回す方針を表明しました。騒音問題で成田が使えない夜間（午後11時〜午前6時）は、羽田から欧米路線を実現するとしました。

成田も暫定並行滑走路を10年に2500メートルに延長して、年間発着能力を現在の約1割増の22万回へ引き上げる見込みです。羽田の国際化は評価されるものの、まだ国際化が不十分ですし、成田との接続の悪さも問題として残されています。10年には成田と羽田空港を直結する成田新高速鉄道の開業が予定されています。

国際空港の便が悪いと、不動産の利用価値を低めるばかりか、日本経済全体の国際競争力の低下につながります。東京を差し置いて、アジアの国際金融都市としての地位を強める香港とシンガポールは、空港の便が極めて良い状態です。日本の成田は乗り継ぎが不便なので、地方空港からソウル経由で海外へ飛び立つ人も増えているといいます。政府は東京の国際金融都市としての機能を高めたいといいますが、時間が勝負の金融業にあって、空港の不便さは致命的な障害になる可能性があります。金融と不動産は表裏一体の関係にあるため、金融機能が弱いと不動産市場も沈滞してしまうのです。

外国人観光客の誘致と移民解禁への足音

地方では、アジアからの観光客誘致で町の活性化を目指す地域も多くみられます。アジアからのゲートウェイとして、羽田空港のアジア便を増やすことは急務でしょう。日本、特に地方では公共機関や不動産の外国語での表示が不十分です。このまま人口減少が続けば、日本は将来的には欧州の小国のように、日本語がローカルな言語になり、英語や中国語でのコミュニケーションが求められることは必至です。

地方の不動産の魅力度を高めるには、利用価値を高める必要があります。利用価値を

CHANGE 7　日本の不動産市場は下落に転じたのか

高めるにはオフィスビルや工場の建設も考えられますが、訪れる人が増えれば、不動産の商業的価値が高まります。日本は07年に、日本人の海外への旅行者数が1730万だったのに対して、日本への外国人旅行者数は835万人と、大幅な流出超過でした。

03年4月から政府は、10年までに訪日外国人旅行者数を1000万人にすることを目標に掲げて、ビジット・ジャパン・キャンペーンを実施しています。08年1〜6月に訪日外国人旅行者数は、前年同期比10％増の434万人に増えました。統計的にも香港・中国からの旅行者数が前年比2〜3割増えていますが、実際に銀座、原宿、家電量販店などに行くと、中国語や韓国語を聞く機会が増えたと感じます。

政府は08年10月に、観光立国の推進のために、観光庁を創設しました。日本が1000万人の外国人訪問者数を達成しても、海外諸国にははるかに及びません。世界で最も外国人訪問者数が多いのはフランスで、約8000万人と、現在の日本の約10倍の外国人訪問者を受け入れています。2位はスペインで約6000万人、次いで米国や中国が約5000万人の外国人訪問者となっています。観光庁は20年に訪日旅行者数2000万人の新たな目標達成を狙うことになりました。日本にも京都、富士山、北海道など優

187

れた観光資源があるのですから、もっと外国人にアピールする必要があるでしょう。

また、日本は最終的に移民解禁が必要になると考えられます。08年6月に自民党の外国人材交流推進議員連盟は、「人材開国！　日本型移民政策の提言」をまとめました。

移民とは、通常の居住地以外の国に移動し、少なくとも1年間当該国に居住する人と定義されます。提言は、「日本の生きる道は、世界に通用する国際国家として自ら世界に開き、移民の受け入れにより、日本の活性化を図る『移民国家』への転換である」と述べましたが、私も全く同感です。日本政府は1年以内に移民国家宣言を世界に配信し、今後50年で総人口の10％（1000万人）程度の移民を受け入れるのが相当であるとしました。日本が受け入れる移民のカテゴリーとしては、高度人材、熟練労働者、留学生、移民の家族、人道的配慮を要する移民、投資移民（富裕層）などを想定するといいます。

日本は移民を早く解禁しないと、世界的な人材獲得競争に負けてしまうリスクがあります。優秀な中国人や韓国人は日本を通り越して、皆欧米に留学しています。移民は犯罪増加につながるなどの反対論がありますが、将来、大増税され、看護も介護もしてくれる人がいない世界と、移民の受け入れのどちらか二者選択する必要があるとすれば、後者を選ぶ国民が多いのではないでしょうか。

CHANGE 7　日本の不動産市場は下落に転じたのか

　日本は人口が1・27億人と中途半端に大きく、経済規模も成長していないとはいえ、世界2位を維持しているので、変化への危機感がまだ十分でないことが問題です。もちろん小泉構造改革の疲れから、国民が内向き、保守的になりがちなのは理解されます。欧米経済の変調によって、自由主義的な資本主義は終わったとの意見も出ています。しかし、サブプライムローン問題に端を発した世界的な金融危機にもかかわらず、経済と金融の中長期的な人・物・資本のグローバル化の流れは変わらないと考えます。内向きだった日本は、欧米よりグローバル化に遅れましたが、欧米諸国が困難に直面している現在こそ、世界に躍進して、失われた10年を取り戻すチャンスでしょう。

菊地正俊（きくち・まさとし）
メリルリンチ日本証券調査部チーフ株式ストラテジスト、マネージングディレクター。1986年東京大学農学部卒業後、大和証券入社。本店第二営業部、大和総研経済調査部、大和総研ヨーロッパ、投資調査部などを経て、2000年より現職。1991年米国コーネル大学よりMBA（経営学修士）。日本証券アナリスト協会検定会員、CFA協会認定証券アナリスト。組織学会、日本ファイナンス学会会員。著訳書に『外国人投資家』（小社新書y）、『外国人投資家の視点』（PHP研究所）、『外国人投資家が買う会社・売る会社』『TOB・会社分割によるM&A戦略』『企業価値評価革命』『資本コストを活かす経営』（いずれも東洋経済新報社）などがある。

新書y 204

お金の流れはここまで変わった！

発行日	2008年11月21日　初版発行
著　者	菊地正俊©2008
発行者	石井慎二
発行所	株式会社　洋泉社 東京都千代田区神田錦町1-7 〒101-0054 電話　03(5259)0251 振替　00190-2-142410㈱洋泉社
印刷・製本	錦明印刷株式会社
装幀	菊地信義

落丁・乱丁のお取り替えは小社営業部宛
ご送付ください。送料は小社で負担します。
ISBN978-4-86248-334-8
Printed in Japan
洋泉社ホームページ http://www.yosensha.co.jp

好評既刊！洋泉社新書ｙ

外国人投資家

菊地正俊・著

ミステリアスなその実態に迫る！

外国人投資家と一口に言っても、投信や年金基金からヘッジファンドまで様々な業態がある。日本人投資家とは異なるその価値観、投資基準、運用手法を明らかにする！　外国人投資家は、日本株を、日本企業の将来性をどう見ているのか？　今や個人投資家も企業経営者も、彼らの存在を無視して意思決定を行うことは不可能だ。日本の企業や株式市場にさらなるグローバル化を求める外国人投資家、そのダイナミズムを解明する。●定価八一九円（税込）

ヘッジファンドの真実

若林秀樹・著

現役ファンマネが明かす運用の現場！

ヘッジファンドは、果たして魑魅魍魎なのか？　ヘッジファンドは「金儲け」だけの存在ではなく、相場の下落時にも「絶対リターン」を目指すことで、年金をはじめとする国民の資産を守っている。その存在意義を知らず、食わず嫌いのままでは、国富を海外にもっていかれてしまう。トップアナリストからヘッジファンドマネージャに転じた著者が、従来のヘッジファンドの概念、イメージを完全に覆す！●定価八一九円（税込）

Irmela Erckenbrecht

Zucchini

Ein Erste-Hilfe-Handbuch
für die Ernteschwemme

pala verlag

In liebender Erinnerung für meinen Vater, Dr. Hermann Erckenbrecht, der von meinem neuen, völlig verwilderten Garten hörte und am nächsten Tag mit seinem Spaten vor der Haustür stand.

Inhalt

Kleiner Wink mit der Zucchinikeule 6

Danke schön! 8

Kurze Gebrauchsanweisung 9

Die Zucchini-Schwemme:
Diagnose und Behandlung 10

Appetitmacher:
Vorspeisen und Fitness-Drinks 19

Flüssignahrung:
Schmackhafte Suppen 35

Frischzellenkur:
Knackige Zucchini-Salate 49

Kurztherapie:
Beilagen und kleine Speisen 61

Gelungene Operationen:
Zucchini mit verschiedenen Füllungen 77

Intensivkur:
Leckere Hauptgerichte 91

Langzeitpflege:
Eingelegtes und Eingemachtes 127

Süße Nachsorge:
Kuchen und Desserts 139

Die Autorin 152

Die Illustratorin 153

Rezepte von A bis Z 154

Rezepte nach Sachgruppen 156

Kleiner Wink mit der Zucchinikeule

Seit dem triumphalen Einzug mediterraner Zucchinipflanzen in mitteleuropäische Kleingärten kommt es Jahr für Jahr zu einer scheinbar unvermeidlichen Ernteschwemme. Sie entsteht durch vorfreudiges Aussäen ganzer Samentüten und die eifrige Pflege der jungen, anfangs noch so zarten Pflänzchen, deren Ertrag immer wieder gründlich unterschätzt wird. Denn aus den kleinen Setzlingen werden große, raumgreifende Pflanzen. Und aus den herrlich großen, gelben Blüten wachsen Sommertag für Sommertag neue Früchte heran, so dass es bis zum Gartenzaun gelb und grün durch die Blätter blitzt. Schon bald sind die sattsam bekannten Rezepte ausprobiert, selbst die entferntesten Bekannten mit großzügigen Geschenken bedacht und die Mittel der traditionellen Küchenheilkunst ausgereizt.

Für alle, die sich in dieser kritischen Phase allein vom Anblick ihrer prächtigen Zucchinikeulen erschlagen fühlen, ist dieses Erste-Hilfe-Handbuch gedacht. Schritt für Schritt stellt es einen umfassenden Therapieplan vor. Acht Behandlungsstufen – von der knackigen Vorspeise bis zum cremigen Dessert – versprechen nicht nur baldige Erleichterung, sondern auch eine überraschende Vielfalt an Gaumenfreuden.

Doch keine Angst vor Schmerz oder Skalpell. In diesem Erste-Hilfe-Kursus wenden wir nur die allersanftesten Methoden an. Schließlich sind wir stolz darauf, dass in der vegetarischen Küche kein Blut vergossen wird. Für unsere Vorspeisen, Suppen, Salate, Hauptgerichte, Konfitüren, Kuchen und Desserts braucht weder Mensch noch Tier zu leiden.

Zucchini besitzen nämlich zwei sehr große Vorzüge: Erstens sind sie knackig, saftig, kalorienarm und gesund, zweitens haben sie keinen ausgeprägten Eigengeschmack. Deshalb passen sie sich ganz problemlos den verschiedensten Zutaten und Geschmacksrichtungen an. Ob exotisch, salzig, sauer, scharf oder süß – der Phantasie vegetarischer Zubereitung sind kaum Grenzen gesetzt.

Auf diese Weise wird aus der Ernteschwemme der reinste kulinarische Genuss. Wer alle in diesem Buch versammelten Rezepte ausprobiert, lässt nach und nach 50 Kilo Zucchini im Kochtopf verschwinden. Und wer einmal auf den Geschmack gekommen ist, sieht dem nächsten Erntesommer nicht nur mit Gelassenheit, sondern mit echter Vorfreude entgegen.

In diesem Sinne: Zucchini ahoi!

Irmela Erckenbrecht

Danke schön!

Nach monatelangem Zucchini-Fieber fröhlich und putzmunter – das verdanke ich auch der kulinarischen Heilkunst freundlicher HelferInnen. Zum Rezeptblock griffen Martin Brenzel, Katrin Dietmann, Karin Eggers-Rueppel, Marieluise Erckenbrecht-Ledoux, Holger Karsten, Julia Otzelberger, Ursula Bänsch, Uta Rappold und Anna-Mai Weitz. Uwe Wedemeyer braute Orangenlikör und kletterte auf Vogelbeerbäume. Und Joseph Smith bewies als geduldiger Probeesser, dass selbst bei höchster Dosierung keine Zucchini-Vergiftung zu befürchten ist.

Kurze Gebrauchsanweisung

Alle Rezepte in diesem Buch sind für vier Personen berechnet. Statt vager Hinweise wie »vier mittelgroße Zucchini« finden sich in der Regel Angaben in Gramm und Kilogramm. Ob Sie eher größere oder kleinere Zucchini verwenden, kommt ganz auf Ihre jeweilige Vorratslage und Ihre persönlichen Vorlieben an. Viele Rezepte eignen sich deshalb auch zur schmackhaften Entsorgung versehentlich zu groß geratener Zucchini»keulen«. Nur dort, wo es wirklich notwendig ist, kleine Zucchini zu verwenden, wird dies ausdrücklich erwähnt.

Wo es um geraspelte Zucchini oder andere kleinteilige Zutaten geht, kommt manchmal auch die praktische Maßeinheit der »Tasse« zum Einsatz, die aus der britischen und amerikanischen Küche stammt und in etwa 225 ml entspricht. Es empfiehlt sich, eine diesem Volumen entsprechende Tasse im eigenen Haushalt auszuspähen und von nun an als »Messtasse« zu verwenden.

Bei den Gradangaben beim Backen bezieht sich der niedrigere Wert auf einen Heißluftherd, der höhere auf einen konventionellen Backofen.

Die Zucchini-Schwemme: Diagnose und Behandlung

Cucurbita pepo var. giromontiini – so lautet der hochoffizielle botanische Name einer nichtrankenden Kürbisvarietät mit gurkenähnlichen Früchten, die in Frankreich und England »courgettes« und in Spanien »calabacinas« heißen. Die deutsche Bezeichnung »Zucchini« (sprich: [tsu'ki:ni]) kommt ebenso wie der schweizerische Name »Zucchetti« (sprich [tsu'keti]) aus dem Italienischen. Beides sind Verkleinerungsformen von »zucca« (»Kürbis«). Übrigens heißt es im Singular »Zucchino«, »Zucchini« ist die italienische Pluralform.

Wie viele Mitglieder der Kürbisfamilie stammen die Zucchini aus den warmen Klimazonen Amerikas und kamen vor etwa 400 Jahren nach Europa, wo sich vor allem in Italien rasch eine große Fangemeinde bildete.

Multikulturelle Anfänge

Warum die Zucchini ausgerechnet in Italien auf Anhieb so erfolgreich waren, darüber können wir heute nur noch spekulieren. Der Überlieferung nach soll einer der ersten italienischen Forschungsreisenden in seinem Rucksack ein paar Samen mitgebracht haben. Jedenfalls ist der Anbau von Zucchini in der Poebene seit über 300 Jahren belegt. Ja, die Frucht wurde so

stark mit Italien verknüpft, dass sich entsprechende Legenden bildeten. Eine davon besagt, die Götter hätten den Bewohnern der Abruzzen die ersten Zucchinisamen anvertraut und ihnen eingeschärft, sie vor allen Fremden zu schützen, was ihnen auch gelang, bis die ersten Auswanderer einige Samenkörner mit nach Amerika nahmen. Aus der Küche Italiens sind die Zucchini jedenfalls heute nicht mehr wegzudenken. Und sicherlich lag es an den deutschen Reisenden, die begeistert aus ihren Italienurlauben nach Hause kamen, dass die knackig-grünen Früchte auch nördlich der Alpen immer mehr Anhängerinnen und Anhänger fanden.

In Amerika, seiner ursprünglichen Heimat, machten italienische Neuankömmlinge das Gemüse populär. Inzwischen ist es in den USA so beliebt, dass Jahr für Jahr unzählige Fans nach Harrisville im Bundesstaat New Hampshire pilgern. Beim dortigen Zucchini-Festival werden allsommerlich wahre Berge von Zucchini in Brote, Kuchen, Pfannkuchen, Marmeladen, ja sogar in Eiscreme verwandelt. Und aus allen Früchten, die nicht in den heiß umlagerten Kochtöpfen verschwinden, werden große und kleine Kunstwerke geschnitzt.

Aus der Begegnung der ersten Weißen mit den Ureinwohnern Amerikas, die längst vor der europäischen Besiedlung Cucurbita pepo *kultivierten (in Peru seit nachweislich 8000 Jahren), stammen wohl auch die Berichte über die verschiedensten Heilwirkungen der Früchte. Demnach wurden sie gegen Geburtswehen, Zahnschmerzen und Schlangenbisse eingesetzt – mit welchem Erfolg, lässt sich heute nicht mehr sagen. Nach einer anderen Überlieferung lassen sich Warzen sehr wirksam bekämpfen, wenn sie bei Vollmond mit angeschnittenen Zucchini bestrichen und die Früchte anschließend in einem nach Norden gelegenen Feld begraben werden. Die Warzen sollen verschwunden sein, ehe sich die Zucchini in Humus verwandelt haben.*

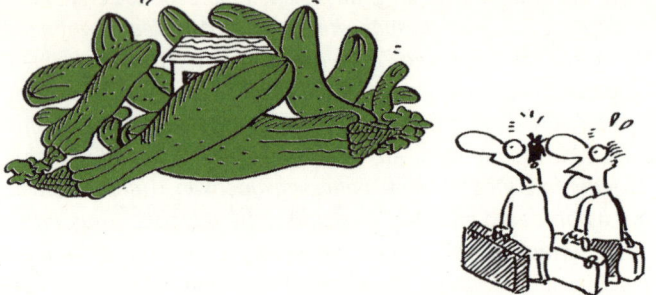

Eines ist sicher: Wer diesen Ratschlag im späten Frühjahr befolgt, wird spätestens einen Monat später frische Zucchini ernten. Ein schöner Trost – auch wenn die Warzen bleiben!

Magisches Wachstum

Die klimatisch sehr anpassungsfähige Pflanze wächst nämlich trotz ihrer Herkunft auch bei uns so rasch und kräftig, dass es manchen wie Hexerei anmuten mag. Botanisch gesehen sind die Früchte übrigens Beeren – Aufbau und Struktur erinnern an Wein-, Stachel- oder Johannisbeeren. Es gibt hell- und dunkelgrüne, aber auch gelbe Früchte. In letzter Zeit werden bei uns auch weiße »UFO-Zucchini« angeboten, die auch unter dem Namen »Squash« gehandelt werden. Sie erinnern tatsächlich an fliegende Untertassen und sehen gefüllt besonders schön aus. Da sie an nichtrankenden Pflanzen wachsen, werden sie trotz ihrer ungewöhnlichen Form zu den Zucchini gezählt. Zucchini sind ein echtes Schlankheitsgemüse: 100 g haben nur 20 kcal. Außerdem sind sie leicht verdaulich sowie reich an Calcium, Kalium, Provitamin A und Vitamin C.

Die Wuchsfreude der Zucchini hat ihre Licht- und Schattenseiten. Einerseits vermitteln die kräftigen Pflanzen selbst An-

fängerinnen und Anfängern Erfolgserlebnisse und Gärtnerstolz. Andererseits können wir dem Erntesegen beim Wachsen fast zusehen. Aus niedlichen, fingerdicken Früchtchen werden scheinbar über Nacht wahre Herkuleskeulen, und so manche Freundschaft wurde schon auf eine harte Probe gestellt, weil überforderte Hobbygärtnerinnen und -gärtner auf keinem Sommerfest ohne Mitbringsel erscheinen, die auf den ersten Blick an grüne Baseballschläger erinnern.

Genügsamer Anbau

Der wichtigste Grundsatz beim Anbau von Zucchini besteht daher in der freiwilligen Selbstbeschränkung. Zwei Pflanzen sind für einen Haushalt durchschnittlicher Größe Herausforderung genug. Nur wer sehr gerne gefüllte Zucchiniblüten und ähnliche blumige Leckereien isst und vorhat, die Blüten regelmäßig abzuernten, hat guten Grund, sich eine zusätzliche Pflanze zu genehmigen. Bewährt hat sich, jeweils eine Pflanze mit gelben und grünen Früchten zu setzen, und zwar in einiger Entfernung voneinander, damit sie sich nicht gegenseitig befruchten können.

Am besten gedeihen Zucchini an einem sonnigen Plätzchen im Garten. Nachtschattengewächse wie Tomaten und Kartoffeln mögen sie als Nachbarn nicht, dagegen vertragen sie sich hervorragend mit Bohnen, Mais, Zwiebeln und vor allem mit Kapuzinerkresse. Weil Zucchini Starkzehrer mit einem großen Nährstoffbedarf sind, graben wir ein großes Pflanzloch und mischen viel verrotteten Pferdemist oder Kompost unter die Erde. Wenn wir die Pflänzchen ab Mitte April auf dem Fensterbrett vorziehen, können wir sie nach den Eisheiligen gleich an die vorgesehene Stelle setzen. Ab Mitte Mai ist auch Freilandaussaat möglich. Auf jeden Fall müssen wir bedenken, dass eine ausgewachsene Zucchinipflanze mindestens einen Quadratmeter Platz für *sich beansprucht. Genügend Abstand ist auch wichtig, damit sie luftig steht und sich kein Mehltau entwickeln kann.*

Empfehlenswert ist es, jeweils zwei Samen auszusäen (Saattiefe: 2 ½ cm) und später auf den stärksten Keimling zu vereinzeln. (Samen können übrigens von reifen Früchten gesammelt und bis zur nächsten Aussaat aufbewahrt werden.) Die Keimdauer beträgt fünf bis zwölf Tage. Der Boden sollte feucht gehalten werden, und da Zucchini sehr frostempfindlich sind, ist in kühlen Mainächten eine Abdeckung ratsam. Eine dicke Mulchdecke als Fußbodenheizung wirkt während der gesamten Gartensaison wahre Wunder. Sind alle diese Vorkehrungen getroffen, können wir uns gelassen zurücklehnen und auf den Erntesegen warten. Die Ernte dauert von Mitte oder Ende Juni bis zum ersten Frost, der selbst die prächtigste Zucchinipflanze welk in sich zusammenfallen lässt.

Leckere Vielfalt

Während des Sommers gilt es, die Zucchinipflanzen bei jedem Gartenbesuch in Augenschein zu nehmen und regelmäßig abzuernten. Am besten schmecken nämlich die zarten Babyfrüchte, in denen manche die sprichwörtlichen »grünen Daumen« begeisterter Gärtnerinnen und Gärtner versinnbildlicht sehen. Von einem eingeschworenen Kenner hörte ich, eine perfekte Zucchini dürfe nicht dicker sein als eine gute Zigarre. Für viele Gerichte sind 10 – 20 cm lange Zucchini am praktischsten. Wir schneiden sie mit einem Stück des Stielansatzes vorsichtig mit einem Messer ab. (Nicht knicken oder drehen, denn das kann Früchte und Pflanze verletzen!) Niemand braucht zu befürchten, durch häufiges Ernten an den Pflanzen Raubbau zu betreiben. Im Gegenteil: Je öfter wir ernten, desto mehr Früchte wachsen nach. Nur wenn wir die Pflanzen sich selbst überlas-

sen, bleibt es bei wenigen Früchten, die zu den gefürchteten Keulen heranwachsen.

Aber keine Angst, auch große Zucchini sind essbar und harte Schalen oder dicke Kerne lassen sich einfach entfernen. Wenn wir die Schale mit einem Kartoffelschäler in langen, dünnen Streifen abziehen, können wir damit sogar Salat- und andere Platten verzieren. Am besten eignen sich große Zucchini für alle Gerichte, in denen geraspeltes Fruchtfleisch verwendet wird. Aber auch blanchiert und mit einer leckeren Füllung versehen, können sie für eine große Runde durchaus zum Augen- und Gaumenschmaus werden. Als Blickfang fürs Büfett lassen sich aus zu groß geratenen Zucchini originelle Salatschüsseln herstellen: einfach die obere Hälfte abschneiden und dabei in der Mitte einen Henkel stehen lassen, dann aushöhlen, auswaschen, mit einer Zitronen-Öl-Mischung auspinseln und mit Salat oder einer Vorspeise füllen.

Essbare Blüten

Außerdem können wir eine Art »natürliche Geburtenkontrolle« betreiben, indem wir die wunderschönen, knallig-gelben Blüten abkneifen und zu leckeren Gerichten verarbeiten. Zucchiniblüten haben einen sehr angenehmen, fruchtig-frischen Geschmack. Voll geöffnet können sie eine »Spannbreite« von mehr als 10 cm entwickeln und ihre Blütenkelche sind bis zu 5 cm tief – ideal zum Füllen! Für alle Blütengerichte können wir männliche und weibliche Blüten verwenden. Der Unterschied ist ganz leicht zu erkennen: Männliche Blüten stehen auf langen, dünnen Stängeln, weibliche Blüten direkt auf dem Fruchtansatz. Die winzigen Babyfrüchte unter der weiblichen Blüte können wir mitpflücken und mitverwerten, denn sie schmecken ganz besonders zart und frisch. Nach dem Pflücken sollten Zucchiniblüten möglichst rasch verarbeitet werden. Dabei werden die Stempel herausgebrochen und die Blüten gründlich ausgewaschen. Bereits gefüllte Blüten lassen sich, in ein feuchtes Geschirrtuch eingeschlagen, problemlos im Kühlschrank einige Stunden aufbewahren.

Konservierte Frische

Wer Zucchini kaufen will, sollte sich für möglichst kleine Früchte entscheiden, deren glatte, glänzende Schale sich leicht mit dem Fingernagel einritzen lässt. Eine stumpfe, welke Schale und

weiches Fruchtfleisch deuten darauf hin, dass die Zucchini nicht mehr ganz so knackig sind.

Im Kühlschrank bleiben Zucchini eine Woche, gekochte Speisen mit Zucchini zwei bis drei Tage frisch. Zucchini lassen sich schlecht einfrieren, weil sie wegen des hohen Wassergehalts rasch matschig werden. Allerdings können wir geraspelte, mit Zwiebeln angedünstete und mit etwas Gemüsebrühe pürierte Zucchini einfrieren und später für Bratlinge oder Suppen verwenden. Die beste Methode zur Haltbarmachung ist das Einlegen; die meisten traditionellen Gurken- und Kürbisrezepte lassen sich ganz problemlos auf Zucchini übertragen. Von amerikanischen Freunden bekam ich den Tipp, Zucchinischeiben im Backofen bei 50 – 60 °C vier bis sechs Stunden zu dörren. Die sehr aromatischen getrockneten Scheiben eignen sich hervorragend zum Mitkochen in Eintöpfen, aber auch zum genüsslichen Knabbern. Auf diese Weise können wir uns bis in den Winter hinein an unserer Zucchiniernte freuen.

Unbegrenzte Möglichkeiten

Frische Zucchini lassen sich ganz leicht verarbeiten und brauchen – wenn sie nicht allzu groß sind – auch nicht geschält zu werden. Wir waschen sie einfach ab, entfernen Stiel- und Blütenansatz, und schon sind sie gebrauchsfertig. Zucchini harmonieren mit vielen Kräutern wie Dill, Basilikum, Rosmarin, Salbei, Estragon, Petersilie, Zitronenmelisse und Minze, aber auch mit Knoblauch und exotischen Gewürzen wie Curry, Kreuzkümmel etc. Sie lassen sich braten, kochen, dämpfen, backen, grillen, füllen … Wer es genauer wissen will, braucht bloß weiterzublättern!

Appetitmacher

Vorspeisen und Fitness-Drinks

Appetithäppchen

500 g Zucchini
250 g Frischkäse
1 Zwiebel, fein gehackt
½ Bund Petersilie, fein gehackt
1 TL Dillsamen
½ TL Knoblauchsalz
1 Hand voll Gänseblümchen-, Borretsch- oder
   Kapuzinerkresseblüten

> Frisch, knackig, cremig – genau der richtige Auftakt für ein sommerliches Essen, aber auch eine Zierde für jedes Büfett.

Zucchini der Länge nach in Hälften schneiden und mit einem Fruchtausstecher aushöhlen. Mit Salz bestreuen und eine Viertelstunde stehen lassen. Frischkäse mit den anderen Zutaten (bis auf die Blüten) vermischen. Zucchinihälften mit einem Küchentuch trockentupfen, mit der Käsemasse füllen und in 2 – 3 cm breite Stücke schneiden. Mit den Blüten garnieren.

Zucchini-Chips

500 g Zucchini, in sehr dünne Scheiben geschnitten
1 Zitrone, ausgepresst
etwas Weizenvollkornmehl
Öl zum Braten
Kräutersalz

Zucchinischeiben mit Zitronensaft beträufeln, einzeln in Mehl wälzen und portionsweise in heißem Öl goldbraun ausbacken. Abtropfen lassen, mit Kräutersalz bestreuen und noch warm servieren.

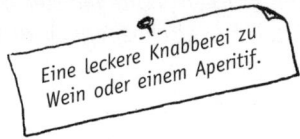

Eine leckere Knabberei zu Wein oder einem Aperitif.

Gefüllte Zucchiniblüten

8 – 12 große Zucchiniblüten
200 g Hüttenkäse
100 g Frischkäse
1 Tasse frische Kräuter (z. B. Schnittlauch, Kerbel,
 Zitronenmelisse, Oregano), fein gehackt
Kräutersalz
Pfeffer

Die Blüten gründlich waschen und die Stempel herausbrechen. Hüttenkäse, Frischkäse und Kräuter gut vermischen, mit Kräutersalz und Pfeffer kräftig würzen. Die Füllung mit einem Teelöffel in das Innere der Blüten drücken. Blütenblätter leicht zusammendrehen, um die Blüten zu verschließen. Dazu Vollkornbrot mit Butter – ein Vorspeisentraum!

Käse-Oliven-Reiter

400 g Zucchini, in 1 cm dicke Scheiben geschnitten
Kräutersalz
Pfeffer
Olivenöl zum Braten
200 g Schafskäse, gewürfelt
100 g schwarze Oliven, entkernt
Zahnstocher

Zucchinischeiben mit Salz und Pfeffer würzen und in Olivenöl von beiden Seiten braten. Auf ein Backblech legen und auf jede Scheibe einen Würfel Schafskäse geben. Bei 200 – 220 °C etwa 15 Minuten überbacken. Mit Zahnstochern jeweils eine Olive aufstecken.

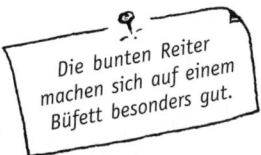

Die bunten Reiter machen sich auf einem Büfett besonders gut.

Zucchini-Sticks

½ Tasse Weizenvollkornmehl
4 EL Semmelbrösel
¼ TL Salz
1 TL getrocknetes Basilikum
1 Prise Pfeffer
500 g Zucchini, in fingerdicke Stifte geschnitten
Öl zum Ausbraten

Mehl, Semmelbrösel und Gewürze mischen und mit einer Tasse Wasser zu einem Teig anrühren. Zucchinistifte in den Teig tauchen, in reichlich heißem Öl von allen Seiten goldgelb ausbraten und heiß servieren.

Ausgebackene Zucchiniblüten mit Ziegenkäsefüllung

2 Eier
4 EL Weißwein
8 EL Wasser
1 ½ EL Olivenöl
6 – 7 gehäufte EL Weizenvollkornmehl
½ TL Salz
1 Prise geriebener Muskat
1 Spritzer Tabascosauce
8 – 12 Zucchiniblüten
150 – 200 g milder Ziegenfrischkäse
Öl zum Ausbacken

Eier trennen. Eigelb schaumig rühren, nach und nach Weißwein, Wasser, Olivenöl, Mehl und Gewürze zugeben und den Teig zugedeckt bei Zimmertemperatur einige Stunden ruhen lassen. Zucchiniblüten gründlich waschen und die Stempel herausbrechen. Käse mit einem Teelöffel in die Blüten drücken, die Blütenblätter darüber schließen und leicht verdrehen. Eiweiß sehr steif schlagen und vorsichtig unter den Teig rühren. Gefüllte Blüten in den Teig tauchen und in reichlich Öl knusprig-goldbraun ausbacken – eine Köstlichkeit!

Die ausgebackenen sind etwas aufwendiger als die rohen gefüllten Blüten, aber jede Mühe wert!

Zucchiniblüten italienisch

8 – 12 Zucchiniblüten
2 – 3 Knoblauchzehen, fein gehackt
2 – 3 EL Olivenöl
8 – 12 Zucchinischeiben (etwa 1 cm dick)
1 TL getrockneter Oregano
Salz
Pfeffer

Blüten sorgfältig waschen und Stempel entfernen. Knoblauch im erhitzten Öl glasig dünsten. Blüten und Zucchinischeiben dazugeben und etwa fünf Minuten von allen Seiten vorsichtig anbraten. Mit Oregano, Salz und Pfeffer würzen. Jeweils eine Blüte auf eine Zucchinischeibe legen und noch heiß mit frischem Vollkornbaguette servieren.

Zucchinischeiben mit Salbei

500 g Zucchini, in 1 cm dicke Scheiben geschnitten
1 Hand voll frische Salbeiblätter
3 – 4 EL Olivenöl
Salz
Pfeffer

Zucchinischeiben und Salbei im heißen Öl kross anbraten und mit grobem Salz und Pfeffer kräftig würzen. Die Scheiben auf vier Tellern oder einer Platte anrichten und die Salbeiblätter darauf verteilen. Dazu frisch aufgebackenes Fladenbrot servieren.

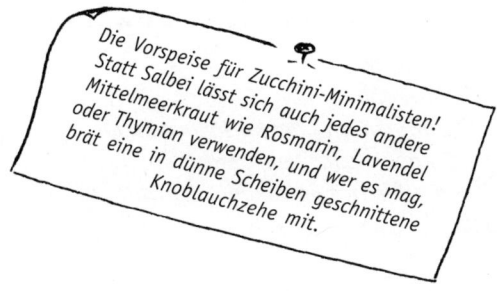

Die Vorspeise für Zucchini-Minimalisten! Statt Salbei lässt sich auch jedes andere Mittelmeerkraut wie Rosmarin, Lavendel oder Thymian verwenden, und wer es mag, brät eine in dünne Scheiben geschnittene Knoblauchzehe mit.

Artischocken mit zwei verschiedenen Zucchini-Dips

Eine effektvolle Vorspeise, in geselligen Runden besonders beliebt.

1 Zitrone, unbehandelt
4 Artischocken

In einen großen Topf mit kochendem Wasser gießen wir den Saft einer unbehandelten Zitrone und kochen darin vier Artischocken etwa 30 Minuten, bis sich die Blätter leicht ablösen lassen. Jede/r bekommt eine Artischocke, zupft die Blätter einzeln ab, taucht sie in die Dips und streift das zarte Fleisch mit den Zähnen ab. Anschließend entfernen wir das nicht essbare »Heu« im Inneren der Artischocken und genießen zum krönenden Abschluss die saftigen Artischockenherzen.

Grüner Zucchini-Dip

250 g Zucchini
4 EL Olivenöl
1 EL Zitronensaft oder Balsamico-Essig
1 – 2 Knoblauchzehen, zerdrückt
½ Bund frisches Basilikum, klein gezupft
Salz
Pfeffer

Alle Zutaten vermischen und im Mixer oder mit dem Pürierstab fein pürieren.

Roter Zucchini-Dip

150 g Zucchini, geraspelt
½ kleine Zwiebel, gehackt
1 Prise getrocknetes Basilikum
125 ml Tomatensaft
einige Spritzer Worcestersauce
1 TL Sojasauce
1 Prise Kräutersalz
80 g Frischkäse
1 EL Tomatenmark
einige Spritzer Tabascosauce

Alle Zutaten außer Frischkäse, Tomatenmark und Tabascosauce in einem kleinen Topf zehn Minuten leise köcheln lassen. Mit dem Frischkäse und dem Tomatenmark im Mixer oder mit dem Pürierstab fein pürieren und mit Tabascosauce abschmecken.

Beide Dips eignen sich übrigens auch hervorragend für Rohkostplatten oder Gemüsefondues.

Grüner Kräutertrunk

300 g Zucchini
½ Bund Dill
4 Zweige Zitronenmelisse
1 Zitrone, ausgepresst
Kräutersalz
Pfeffer
Vollrohrzucker
Cayennepfeffer oder einige Spritzer Jalapeñosauce
einige Spritzer Worcestersauce
1 Flasche Mineralwasser
8 Eiswürfel

Zucchini und Kräuter grob schneiden und mit dem Zitronensaft im Mixer oder mit dem Pürierstab fein pürieren. Mit den Gewürzen abschmecken und in vier hohe Gläser gießen. Mit Mineralwasser auffüllen, nochmals durchrühren, Eiswürfel hineingeben und sofort servieren.

> Die Jalapeñosauce ist eine grüne mild-scharfe Chilisauce, die auf der gleichen Insel im Mississippi-Delta hergestellt wird wie die sehr viel schärfere Tabascosauce. Seitdem ich einmal dort war und alle Produkte der altertümlichen Saucenfabrik durchgekostet habe, verteile ich sie großzügig über viele Gemüsegerichte und hole mir regelmäßig aus einem gut sortierten Gewürzladen ein neues grünes Fläschchen.

Morgen-Munter-Macher
(Tomaten-Zucchini-Drink)

½ l Tomatensaft
1 TL Worcestersauce
1 ½ TL Sojasauce
einige Spritzer Tabascosauce
½ TL Kräutersalz
150 g Zucchini, gewürfelt

Alle Zutaten im Mixer oder mit dem Pürierstab fein pürieren. Gut gekühlt und mit Eiswürfeln servieren.

Fitness-Drink

250 g Zucchini, grob gewürfelt
1 kleine Zwiebel, grob gewürfelt
½ l Buttermilch
2 EL Zitronensaft
1 EL Dill, gehackt
½ TL Kräutersalz
ein Spritzer Tabascosauce
einige Dillzweige oder Borretschblüten

Zucchini und Zwiebel im Mixer oder mit dem Pürierstab zerkleinern, restliche Zutaten dazugeben und pürieren. In Gläser füllen und mit Dillzweigen oder Borretschblüten garnieren.

Flüssignahrung

Schmackhafte Suppen

Weiße Blütensuppe

½ kleine Zwiebel, gehackt
4 EL Butter oder Margarine
400 g Zucchiniblüten, grob geschnitten
1 Prise Salz
1 Prise Zimt
3 Tassen Milch
1 EL Mehl
3 Eigelb
300 ml saure Sahne
2 EL Vollrohrzucker

Zwiebel in zwei Esslöffeln Butter oder Margarine glasig dünsten. Blüten kurz mitdünsten lassen. Salz und Zimt zugeben und Milch angießen. Restliche Butter oder Margarine mit Mehl verkneten, in die Suppe rühren und aufkochen lassen. Eigelb und saure Sahne verquirlen, Suppe vom Herd nehmen und die Eiersahne unterziehen. Suppe mit Zucker abschmecken.

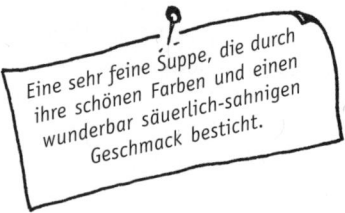

Eine sehr feine Suppe, die durch ihre schönen Farben und einen wunderbar säuerlich-sahnigen Geschmack besticht.

Spinat-Zucchini-Creme

1 Zwiebel, grob gehackt
500 g Zucchini, gewürfelt
2 EL Öl
150 g Spinat
1 Kartoffel, geschält und gewürfelt
1 EL Petersilie, gehackt
1 l Gemüsebrühe
200 g Schlagsahne
Salz
Pfeffer

Zwiebel und Zucchini im Öl dünsten, bis die Zwiebel glasig ist. Spinat, Kartoffel, Petersilie und Brühe zugeben und etwa 20 Minuten köcheln lassen. Im Mixer oder mit dem Pürierstab pürieren. Sahne einrühren, nicht mehr kochen lassen und mit Salz und Pfeffer abschmecken.

Zucchini-Apfel-Suppe

1 Zwiebel, gehackt
1 Apfel, gewürfelt
¼ l Weißwein
1 ½ TL Currypulver
¾ l Gemüsebrühe
4 EL Reis
300 g Zucchini, gewürfelt
4 EL Milch oder Schlagsahne

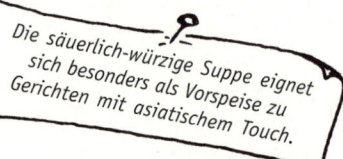

Die säuerlich-würzige Suppe eignet sich besonders als Vorspeise zu Gerichten mit asiatischem Touch.

Zwiebel und Apfel im Weißwein weich dünsten und mit Curry bestreuen. Brühe zugießen, Reis und Zucchini zugeben und etwa 20 Minuten garen lassen. Im Mixer oder mit dem Pürierstab pürieren. Milch oder Sahne unterrühren.

Minestrone

50 g Trockenbohnen, am Vortag eingeweicht
½ Tasse Reis
1 kleine Zwiebel, gehackt
1 kleine Stange Lauch, in feine Streifen geschnitten
1 Knoblauchzehe, zerdrückt
50 g Sellerie, fein gewürfelt
1 kleine Möhre, in Scheiben geschnitten
1 EL Olivenöl
1 l Gemüsebrühe
2 Stängel Selleriegrün oder Liebstöckel, gehackt
1 Kartoffel, geschält und gewürfelt
150 g Wirsingkohl, in Streifen geschnitten
200 g Zucchini, in Scheiben geschnitten
100 g Erbsen
½ Bund Petersilie
50 g Parmesan, frisch gerieben

Bohnen im Einweichwasser etwa 20 Minuten kochen. Reis in 1 ½ Tassen Wasser garen. Zwiebel, Lauch, Knoblauch, Sellerie und Möhre im Olivenöl andünsten. Brühe, Selleriegrün oder Liebstöckel, Bohnen und restliches Gemüse zugeben und 20 Minuten kochen lassen. Zuletzt Reis und Petersilie unterrühren.

> Der italienische Klassiker wird mit frisch geriebenem Parmesan serviert, den sich jede/r selbst über die Suppe streuen kann.

Kalte Zucchini-Joghurt-Suppe

400 g kleine Zucchini
1 unbehandelte Zitrone
800 g Joghurt
⅛ l Gemüsebrühe
1 Knoblauchzehe, zerdrückt
Kräutersalz
Pfeffer
1 Bund Zitronenmelisse, fein gehackt

DIE Erfrischung an einem heißen Sommertag!

Zucchini der Länge nach in dünne Scheiben und dann quer in sehr schmale Streifen schneiden. Zitrone dünn schälen und auspressen. Joghurt mit Brühe und Knoblauch verrühren, mit Salz, Pfeffer und Zitronensaft würzen. Zucchinistifte unterrühren, mit Zitronenmelisse bestreuen und mit der Zitronenschale verzieren.

Leichte Zucchinisuppe

1 große Zwiebel, gehackt
2 Knoblauchzehen, zerdrückt
800 g Zucchini, fein gewürfelt
2 EL Öl
¾ l Gemüsebrühe
2 TL Weizenvollkornmehl
1 Eigelb
⅛ l Milch
1 Bund Dill
2 Zweige frischer Estragon
Salz
Pfeffer
Muskat

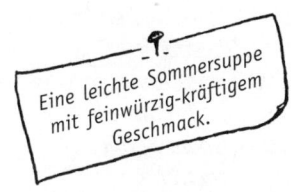

Eine leichte Sommersuppe mit feinwürzig-kräftigem Geschmack.

Zwiebel, Knoblauch und zwei Drittel der Zucchini im Öl glasig dünsten. Gemüsebrühe zugießen und etwa zehn Minuten köcheln lassen. Restliche Zucchini zugeben und noch weitere drei Minuten kochen. Mehl mit wenig Wasser verrühren, in die Suppe geben, noch einmal aufkochen lassen und vom Herd nehmen. Eigelb und Milch verquirlen, mit den Kräutern unter die Suppe geben und mit Salz, Pfeffer und Muskat würzen.

Tomatensuppe mit Zucchini

1 Zwiebel, gehackt
2 Knoblauchzehen, zerdrückt
1 EL Olivenöl
600 g reife Tomaten, überbrüht, geschält und gewürfelt
½ l Gemüsebrühe
100 g saure Sahne
2 EL Tomatenmark
Salz
Pfeffer
Vollrohrzucker
400 g Zucchini, grob geraspelt

Zwiebel und Knoblauch im Öl glasig dünsten. Tomaten dazugeben und einige Minuten schmoren lassen. Gemüsebrühe, saure Sahne und Tomatenmark zugeben und mit Salz, Pfeffer und Zucker abschmecken. Von den Zucchiniraspeln vier Esslöffel zurückbehalten. Die restlichen Raspeln in die Tomatensuppe geben und drei bis vier Minuten mitkochen lassen. Die Suppe mit den rohen Zucchiniraspeln bestreuen und sofort servieren.

Gazpacho (Kalte Gemüsesuppe)

1 gelber Paprika
200 g Zucchini
100 g Möhren
1 – 2 Stangen Staudensellerie
80 g Gurke
1 Zwiebel
¾ l Tomatensaft
1 ½ TL Worcestersauce
2 TL Sojasauce
¼ TL Tabascosauce
2 EL Olivenöl
Salz

Wer im Garten Borretsch hat, kann das Farbenspiel dieser bunten Sommersuppe mit einer Hand voll essbarer blauer Blüten vervollkommnen.

Gemüse sehr fein würfeln. Tomatensaft mit Saucen und Öl vermischen und mit Salz abschmecken. Über das Gemüse gießen und über Nacht durchziehen lassen. Gut gekühlt servieren.

Zucchini-Linsen-Suppe mit Zitrone

1 Tasse Linsen
6 Tassen Gemüsebrühe
1 unbehandelte Zitrone
1 Zwiebel, gehackt
2 Knoblauchzehen, zerdrückt
3 EL Olivenöl
1 Kartoffel, geschält und gewürfelt
1 Tasse Sellerie, gewürfelt
½ TL schwarzer Pfeffer
1 Tasse Zucchini, gewürfelt
1 TL Koriander, gemahlen
½ TL Kreuzkümmel, gemahlen
¼ Tasse Korianderblätter, gehackt
¼ Tasse Petersilienblätter, gehackt
Salz

> »If you still eat animals – try this!« Unter diesem Motto verteilte ein exzentrisch gekleideter Tierschützer in Tampa/Florida auf einer belebten Kreuzung vegetarische Rezepte an die staunenden Autofahrer. Als ich mich durchs offene Autofenster als Vegetarierin aus Deutschland zu erkennen gab, lachte er und sagte: »There are kindred souls everywhere.« Verwandte Seelen gibt es überall ... Recht hat er! Und seine Zucchini-Linsen-suppe mit Zitrone schmeckt einfach wunderbar.

Linsen in der Gemüsebrühe eine halbe Stunde köcheln lassen. Zitrone auspressen und Schalenhälften aufbewahren. Zwiebel und Knoblauch im Öl glasig dünsten, Kartoffel, Sellerie und Pfeffer zugeben und einige Minuten mitdünsten lassen. Ausgepresste Zitronenhälften und Gemüsemischung zu den Linsen geben und weitere zehn Minuten köcheln. Nun Zucchini, Koriander und Kreuzkümmel zugeben und noch einmal zehn Minuten kochen. Zum Schluss Zitronenhälften herausnehmen, Kräuter unterrühren und mit Salz und Zitronensaft abschmecken.

Martins Zucchinicreme

600 g Kartoffeln, geschält und grob gewürfelt
600 g Zucchini, grob gewürfelt
1 Zwiebel, gehackt
1 EL Butter oder Margarine
2 Knoblauchzehen, zerdrückt
3 EL Tomatenmark
1 Prise Vollrohrzucker
150 ml Schlagsahne
Salz
Gemüsebrüheextrakt

Kartoffeln und Zucchini in einem halben Liter Salzwasser garen. Zwiebel in der Butter oder Margarine dünsten und zum Gemüse geben. Knoblauch, Tomatenmark, Zucker und Sahne einrühren. Im Mixer oder mit dem Pürierstab pürieren. Die Suppe mit Salz und Gemüsebrüheextrakt abschmecken und auf der ausgeschalteten Platte noch etwa zehn Minuten durchziehen lassen.

Karins Raspelsuppe

1 Zwiebel, gehackt
1 EL Butter oder Margarine
1 EL Weizenvollkornmehl
1 l Gemüsebrühe
150 g saure Sahne
1 Eigelb
einige Zweige Dill, gehackt
1 Knoblauchzehe, zerdrückt
2 mittelgroße Zucchini, grob geraspelt

Der harmonische Gegensatz von sahniger Grundlage und frischen Zucchiniraspeln verleiht dieser leckeren Suppe ihren besonderen Reiz.

Zwiebel in der Butter oder Margarine glasig dünsten, Mehl zugeben und unter ständigem Rühren die Gemüsebrühe nach und nach zugießen und aufkochen lassen. Saure Sahne, Eigelb, Dill und Knoblauch einrühren und ganz zum Schluss die Zucchiniraspeln hinzufügen.

Zucchini-Eintopf

2 Zwiebeln, grob gewürfelt
1 Knoblauchzehe, zerdrückt
4 EL Olivenöl
400 g Zucchini (möglichst jeweils zur Hälfte
  grün und gelb), gewürfelt
1 roter Paprika, gewürfelt
1 kleinere Aubergine, gewürfelt
1 l Gemüsebrühe
500 g Tomaten, geschält und zerdrückt
2 Lorbeerblätter
1 TL Kräuter der Provence
150 g Vollkornnudeln
3 EL Tomatenmark
einige Spritzer Tabascosauce
Kräutersalz

Zwiebeln und Knoblauch im Öl glasig dünsten. Zucchini, Paprika und zuletzt die Aubergine mitdünsten lassen. Brühe, Tomaten, Lorbeerblätter, Kräuter und Nudeln zugeben und etwa zwölf Minuten kochen, bis die Nudeln gar sind. Mit Tomatenmark, Tabascosauce und Kräutersalz abschmecken. Dazu schmeckt frisches Fladenbrot.

Frischzellenkur
Knackige Zucchini-Salate

Bunter Sommersalat

500 g gelbe und grüne Zucchini
1 Apfel
1 Möhre
200 g Joghurt
2 EL Öl
1 EL Senf
1 Bund Schnittlauch, gehackt
2 Zweige Zitronenmelisse, gehackt
Kräutersalz
Zitronensaft

Zucchini, Apfel und Möhre grob raspeln. Die restlichen Zutaten zu einer Sauce verrühren, unter den Salat ziehen und sofort servieren.

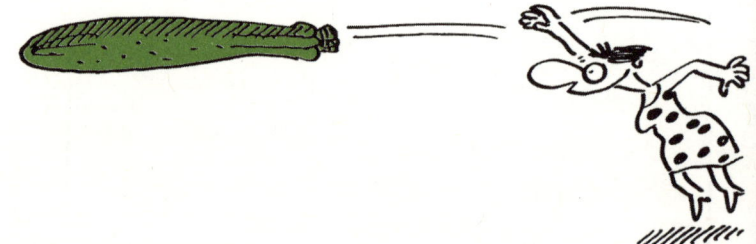

Gurken-Zucchini-Salat

500 g Zucchini, fein gehobelt
1 Salatgurke, fein gehobelt
1 TL Salz
1 TL Dillsamen
1 EL Essig
Pfeffer
1 Zwiebel, in dünne Ringe geschnitten
150 – 200 ml saure Sahne

Alle Zutaten außer Zwiebel und Sahne vermischen und im Kühlschrank eine halbe Stunde durchziehen lassen. Zwiebelringe und saure Sahne unterziehen und gut gekühlt servieren.

Reissalat

1 Tasse Vollkornreis
1 TL Gemüsebrüheextrakt
1 Lorbeerblatt
1 TL Fenchelsamen, zerstoßen
250 g gelbe und grüne Zucchini, grob geraspelt
1 Bund Radieschen, in feine Stifte geschnitten
1 kleine Zwiebel, gehackt
1 TL Senf
1 EL Essig
1 EL Öl
3 EL Tomatensaft

Reis mit 2 ½ Tassen Wasser, Gemüsebrüheextrakt, Lorbeerblatt und Fenchelsamen 40 Minuten oder nach Packungsangabe garen, abkühlen lassen und mit Zucchini und Radieschen mischen. Alle übrigen Zutaten zu einem Dressing verrühren, unter den Salat heben und einige Stunden durchziehen lassen.

Geknofelter Zucchini-Champignon-Salat

DER Renner für unerschrockene Knobifans!

400 g kleine Zucchini,
   in dünne Scheiben geschnitten
Saft und abgeriebene Schale
   einer unbehandelten Zitrone
3 Knoblauchzehen, zerdrückt
3 EL Öl
Salz
Pfeffer
150 g Champignons, feinblättrig geschnitten
½ reife Avocado

Zucchini mit kochendem Wasser übergießen, fünf Minuten stehen lassen, auf einem Sieb abtropfen lassen und in eine Schüssel geben. Zitronensaft und -schale, Knoblauch, Öl, Salz und Pfeffer vermischen und über die Zucchini geben. Zum Schluss die Avocado fein würfeln und sofort zusammen mit den Champignons unterheben. Den Salat abkühlen und durchziehen lassen.

Zucchini-Zitronen-Salat

3 EL Butter oder Margarine
500 g Zucchini, in dünne Scheiben geschnitten
1 roter Paprika, in dünne Streifen geschnitten
1 kleine Zwiebel, in dünne Ringe geschnitten
1 Knoblauchzehe, zerdrückt
1 große Tomate, enthäutet und fein gewürfelt
½ TL Oregano
½ Bund frische Petersilie
1 Zitrone, geschält und quer in hauchdünne
 Scheibchen geschnitten
1 EL Balsamico-Essig
Salz
Pfeffer

Nacheinander in jeweils einem Esslöffel Butter oder Margarine in einer Pfanne erst die Zucchini, dann die Paprika und schließlich die Zwiebel mit dem Knoblauch weich dünsten und in eine Schüssel geben. Zum Schluss noch die Tomate mit dem Oregano kurz in der Pfanne wenden und zu der Gemüsemischung geben. Mit Petersilie, Zitronenscheibchen und Essig vermischen und zugedeckt mindestens eine Stunde ziehen lassen. Vor dem Servieren mit Salz und Pfeffer abschmecken.

Zucchini-Artischocken-Salat

4 Artischocken, vom Stiel befreit
½ Zitrone, ausgepresst
250 g Zucchini, gewürfelt
200 g braune Champignons, gewürfelt
2 – 3 EL schwarze Oliven, entkernt und gehackt
3 getrocknete, eingelegte Tomaten, fein gehackt
½ Bund frischer Oregano, fein gehackt
1 TL frische Thymianblättchen
2 EL Olivenöl
1 EL Balsamico-Essig
1 Knoblauchzehe, zerdrückt
1 TL Kräutersalz

Artischocken in einem großen Topf knapp mit Wasser bedecken, Zitronensaft zugeben und etwa 30 Minuten kochen. Zucchini, Champignons, Oliven, Tomaten und Kräuter mischen. Öl und Essig mit Knoblauch und Kräutersalz verrühren und unter den Salat heben. Von den gekochten Artischocken Blätter und »Heu« entfernen und die Artischockenherzen grob gewürfelt zum Salat geben.

Zum geselligen Ritual wird die Zubereitung des Zucchini-Artischocken-Salats, wenn wir eine Artischocke pro Person als Vorspeise servieren, die Blätter in einen Dip (4 EL Olivenöl, 1 EL Zitronensaft oder Balsamico-Essig, Salz, Pfeffer, zerdrückte Knoblauchzehe) tunken und genüsslich auslutschen. Anschließend können dann alle ihr »Herz« zum Salat geben und ihm mit dem restlichen Dip »Seele« verleihen. Zum Salat im Hauptgang passen dunkles Vollkornbrot und Zucchini mit Schafskäsefüllung (Rezept S. 80).

Zucchini-Lauch-Salat

2 Stangen Lauch, in dünne Streifen geschnitten
4 EL Öl
500 g Zucchini
2 EL Kräuteressig
1 Knoblauchzehe, zerdrückt
1 Bund Dill, fein gehackt
Salz
Pfeffer

Lauch in zwei Esslöffel Öl glasig dünsten und abkühlen lassen. Zucchini längs vierteln, anschließend in dünne Scheiben schneiden und mit dem Lauch vermischen. Restliches Öl, Essig, Knoblauch und Dill mischen, mit Salz und Pfeffer würzen und unter den Salat heben.

Warmer Zucchinisalat

1 Zwiebel, fein gehackt
1 EL Butter oder Margarine
200 g Schlagsahne
1 Bund frisches Basilikum, gehackt
1 EL Zitronensaft
1 EL Balsamico-Essig
1 Spritzer Tabasco- oder Jalapeñosauce
Salz
Pfeffer
500 g kleine Zucchini, in sehr dünne Scheiben geschnitten
2 Tomaten, enthäutet und fein gewürfelt

> Sanft und sahnig – ein wahrer Seelentröster an einem kalten Regentag!

Zwiebel in der Butter glasig dünsten. Sahne zugießen. Vom Basilikum einen Esslöffel zurückbehalten, den Rest zur Sahne geben. Etwa zehn Minuten leise köcheln lassen, gelegentlich umrühren. Zitronensaft, Essig und Tabasco bzw. Jalapeñosauce zugeben und mit Salz und Pfeffer abschmecken. Zucchini und Tomaten unterheben. Vom Herd nehmen, mit dem restlichen Basilikum bestreuen und sofort servieren.

Melonen-Zucchini-Salat

*400 g Zucchini,
 in dünne Scheiben gehobelt
500 g Honigmelone,
 in kleine Würfel geschnitten
1 Zitrone, ausgepresst
Vollrohrzucker
Salz
Pfeffer*

> Ein fruchtiger, ebenso erfrischender wie kalorienarmer Salat, der ganz besonders gut zu süß-sauren Speisen passt.

Zucchini, Melone und Zitronensaft vermischen, mit Zucker, Salz und Pfeffer abschmecken und den Salat gut durchziehen lassen.

Wrigley's Gartensalat

1 mittelgroße Zucchini, grob gewürfelt
1 kleine Salatgurke, grob gewürfelt
12 Cocktailtomaten
je 1 Hand voll Mangold-, Spinat- und Sauerampferblätter,
　　in 1 cm breite Streifen geschnitten
1 Bund Zitronenmelisse, grob gehackt
1 Bund Pfefferminze, grob gehackt
1 TL Kräutersalz
2 EL Öl
1 EL Balsamico-Essig

Zucchini, Gurke, Tomaten, grüne Blätter und Kräuter mischen und den Salat mit Salz, Öl und Essig abschmecken.

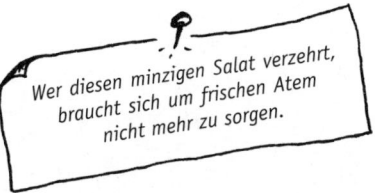

Wer diesen minzigen Salat verzehrt, braucht sich um frischen Atem nicht mehr zu sorgen.

Kurztherapie
Beilagen und kleine Speisen

Türkische Zucchini-Kroketten

400 g Zucchini, fein geraspelt
½ frische grüne Chilischote, gründlich entkernt
   und fein gehackt
1 kleine Zwiebel, sehr fein gehackt
2 Knoblauchzehen, zerdrückt
½ TL Currypulver
2 EL Olivenöl
½ TL Weinstein-Backpulver
Salz
100 g Weizenvollkornmehl
Öl zum Braten

> Lecker als Beilage, aber auch als Vorspeise oder kleine Mahlzeit mit glatt gerührtem Joghurt zum Hineintunken und genüsslichen Knabbern.

Zucchini, Chili, Zwiebel, Knoblauch, Curry und Olivenöl gut vermischen. Zum Schluss das Backpulver mit dem Mehl mischen und zusammen mit dem Salz unterrühren. Mit gut bemehlten Händen 16 tischtennisballgroße Kugeln formen und leicht flach drücken. In heißem Öl von allen Seiten goldbraun ausbacken.

Grüne Buletten

350 g Zucchini, in Scheiben geschnitten
1 kleine Zwiebel, gehackt
1 EL Olivenöl
½ Tasse Vollkornsemmelbrösel
½ Bund Petersilie, fein gehackt
70 g Parmesan, frisch gerieben
1 Ei
Salz
Pfeffer
einige EL Weizenvollkornmehl
Olivenöl zum Braten

Zucchini in Salzwasser etwa zehn Minuten weich kochen, gut abtropfen lassen und im Mixer oder mit dem Pürierstab pürieren. Zwiebel im Öl glasig dünsten. Zucchinimasse mit Zwiebel, Semmelbrösel, Petersilie, Käse und Ei vermischen und mit Salz und Pfeffer würzen. Nach Bedarf Mehl hinzufügen, bis ein weicher, formbarer Teig entsteht. Einige Zeit ruhen lassen. Mit nassen Fingern (sonst klebt's!) Buletten formen, in Mehl wälzen und in heißem Olivenöl von beiden Seiten goldbraun braten.

> Die grünen Buletten finden auch bei Kindern großen Anklang. Sie sind vielseitig zu verwenden, z. B. mit Kräuterquark und Pellkartoffeln oder mit frischen Maiskolben und Tomatensalat.

Zucchini-Puffer

600 g Zucchini, grob geraspelt
400 g rohe, mehlig kochende Kartoffeln, grob geraspelt
1 Bund Petersilie, gehackt
1 Bund Dill, gehackt
2 Eier
2 Knoblauchzehen, zerdrückt
3 EL Weizenvollkornmehl
Salz
Pfeffer
Öl zum Braten

Zucchini mit Kartoffeln, Kräutern, Eiern, Knoblauch und Mehl vermischen. Mit Salz und Pfeffer abschmecken. In reichlich heißem Öl goldbraun ausbraten. Dazu passen Kartoffelpüree und ein frischer Möhrensalat.

Ausgebackene Zucchinischeiben

3 Eier
3 TL Honig
1 TL Wasser
8 EL Weizenvollkornmehl
1 Prise Salz
750 g Zucchini, in ½ cm dünne Scheiben geschnitten
Öl zum Ausbacken

Eier schaumig schlagen, mit Honig, Wasser, Mehl und Salz verrühren und etwas ruhen lassen. Zucchinischeiben im Teig wenden und in reichlich heißem Öl goldbraun ausbacken.
Der leicht süße Teig macht die gebackenen Zucchinischeiben zu einer leckeren Beilage. Dazu passen z. B. Vollkornreis, Blumenkohl und eine Käse-Kräuter-Sauce.

Glasiertes Zucchini-Gemüse

750 g kleine Zucchini
4 EL Honig
2 EL Weizenvollkornmehl
½ TL Salz
2 TL abgeriebene Schale
  einer unbehandelten Apfelsine
2 TL Butter oder Margarine
1 Apfelsine, ausgepresst

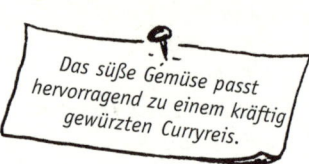

Das süße Gemüse passt hervorragend zu einem kräftig gewürzten Curryreis.

Zucchini der Länge nach in Hälften schneiden, in wenig Salzwasser acht Minuten vorkochen und gut abtropfen lassen. Restliche Zutaten in einem kleinen Topf vermischen und unter ständigem Rühren zum Kochen bringen. Zucchinihälften mit der Schnittfläche nach oben in eine flache gefettete Auflaufform legen und mit der Sauce übergießen. Bei 180 – 200 °C etwa 20 Minuten backen.

Möhren-Zucchini-Gemüse

500 g Möhren, grob geraspelt
500 g Zucchini, grob geraspelt
1 Knoblauchzehe, gehackt
2 EL Öl
2 EL Weißwein
Salz
Pfeffer

Möhren, Zucchini und Knoblauch in dem erhitzten Öl unter ständigem Rühren andünsten. Wein zugeben und weiterdünsten lassen, bis das Gemüse bissfest ist. Mit Salz und Pfeffer abschmecken.

> Wer es effektvoll mag, gart Möhren und Zucchini getrennt und richtet das Gemüse in einer vorgewärmten Schüssel in diagonalen rot-grünen Streifen an.

Baby-Zucchini in Tomatensauce

600 g Baby-Zucchini
1 große Zwiebel, gehackt
3 EL Olivenöl
3 EL Tomatenmark
2 Knoblauchzehen, zerdrückt
½ Bund Petersilie, gehackt
Salz
Pfeffer

> Für dieses leckere Rezept aus Griechenland werden sehr kleine Zucchini bis zu 10 cm Länge im Ganzen verwendet. Dazu essen wir Naturreis und Bratlinge oder Spiegeleier.

Zucchini und Zwiebel im Öl kräftig anbraten. Tomatenmark mit Knoblauch, Petersilie und etwas Wasser vermischen und zugeben. So viel Wasser zugießen, dass die Zucchini fast bedeckt sind. Mit Salz und Pfeffer würzen und zugedeckt etwa 20 Minuten leise köcheln lassen.

Sahniges Zucchini-Gemüse mit Dill

2 EL Butter oder Margarine
2 Zwiebeln, fein gehackt
750 g Zucchini, der Länge nach in Scheiben geschnitten
Salz
Pfeffer
1 Eigelb
2 TL Weizenvollkornmehl
200 ml Sahne
1 Bund Dill, fein gehackt

Eine große Pfanne mit Butter oder Margarine einstreichen, mit Zwiebeln ausstreuen und Zucchinischeiben darüber legen. Mit Salz und Pfeffer würzen, eine halbe Tasse Wasser angießen und zugedeckt 15 Minuten garen. Zucchinischeiben herausnehmen und in eine flache Schüssel legen. Eigelb mit Mehl und der Hälfte der Sahne verquirlen, restliche Sahne steif schlagen. Eigelbsahne in die entstandene Brühe rühren und noch einmal aufkochen lassen. Dill und geschlagene Sahne unterheben und die Sauce über die Zucchini gießen.

Erbsen-Zucchini-Gemüse mit Quark

500 g Zucchini, in Scheiben geschnitten
2 EL Butter oder Margarine
300 g Erbsen
⅛ l Gemüsebrühe
½ Bund Lauchzwiebeln,
   in schmale Ringe geschnitten
200 g Kräuterquark
Salz
Pfeffer
½ Bund Petersilie, fein gehackt

Zucchinischeiben in der Butter oder Margarine andünsten. Erbsen zugeben, Gemüsebrühe zugießen und leise köchelnd garen lassen. Das Gemüse von der Kochstelle nehmen, Zwiebeln und Quark unterrühren, mit Salz und Pfeffer abschmecken, mit Petersilie bestreuen und sofort servieren.

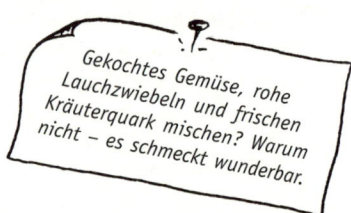

Gekochtes Gemüse, rohe Lauchzwiebeln und frischen Kräuterquark mischen? Warum nicht – es schmeckt wunderbar.

Herzhafter Zucchini-Käse-Kuchen

150 ml Schlagsahne
3 Eier
3 EL Weizenvollkornmehl
½ TL Weinstein-Backpulver
750 g Zucchini, grob geraspelt
120 g Greyerzer oder mittelalter Gouda, frisch gerieben
Salz
Pfeffer
Muskat

Sahne, Eier, Mehl und Backpulver verquirlen, Zucchini und Käse unterheben, mit Salz, Pfeffer und Muskat würzen. Den Teig in eine gefettete und mit Semmelbröseln ausgestreute Kastenform geben. Bei 180 – 200 °C etwa 45 Minuten backen, Ofen ausstellen und den Kuchen etwas ruhen lassen. Vorsichtig stürzen und noch warm servieren. Dazu schmeckt ein bunter Gartensalat.

Deftiges Landbrot

300 g Weizenvollkornmehl
1 Päckchen Trockenhefe
1 TL Vollrohrzucker
1 TL Salz
1 EL Butter oder Margarine
250 ml lauwarme Buttermilch
150 g Zucchini, grob geraspelt
1 mittelgroße Zwiebel, fein gehackt
50 g Parmesan, frisch gerieben

Mehl, Hefe, Zucker und Salz vermischen, mit Butter oder Margarine und Buttermilch zu einem Teig verkneten. Zuletzt Zucchini, Zwiebel und Käse untermischen. Zugedeckt an einem warmen Ort mindestens eine Stunde gehen lassen. Mit gut bemehlten Händen nochmals durchkneten, dabei eventuell noch etwas Mehl zugeben, bis der Teig nicht mehr klebt. Den Teig zu einer Kugel geformt auf ein Backblech setzen oder in eine gefettete Kastenform geben und im leicht angewärmten Ofen eine weitere halbe Stunde gehen lassen. Bei 180 – 200 °C etwa 50 Minuten backen.

Corn Bread
(Maisbrot mit Zucchini)

1 Ei
2 EL Öl
1 EL Honig
200 ml Milch
½ TL Salz
100 g Zucchini, grob geraspelt
100 g Weizenvollkornmehl
100 g Maismehl
1 ½ TL Weinstein-Backpulver

Corn Bread bleibt relativ flach und wird noch warm mit frischer Butter zu Suppen und Salaten gegessen.

Ei schaumig schlagen und mit Öl, Honig, Milch und Salz verquirlen. Zucchini untermengen. Weizenmehl, Maismehl und Backpulver mischen und nach und nach unter die Ei-Zucchini-Masse rühren. In eine gefettete Kastenform geben und bei 180 – 200 °C etwa 30 Minuten backen.

Gemüse-Brotaufstrich

1 große Zwiebel
250 g große Champignons
250 g Zucchini
4 EL Olivenöl
1 EL Balsamico-Essig
etwas Petersilie

Zwiebel und Pilze in 1 cm breite, Zucchini der Länge nach in ½ cm breite Scheiben schneiden. Ein Backblech mit zwei Esslöffel Olivenöl bestreichen. Die Gemüsescheiben so darauf verteilen, dass sie sich möglichst wenig überlappen. Die Zwiebelscheiben mit dem Essig, Zucchini und Pilze mit dem restlichen Olivenöl bepinseln. Im vorgeheizten Backofen bei 250 °C 15 Minuten backen, wenden und weitere 15 Minuten backen. Im Mixer oder mit dem Pürierstab fein pürieren, mit Petersilie bestreuen und kühl stellen.

> Beim Backen im Ofen entfaltet das Gemüse genau das richtige Aroma für diesen leckeren Brotaufstrich, der im Kühlschrank etwa drei Tage haltbar ist.

Gelungene Operationen

Zucchini mit verschiedenen Füllungen

Grundrezept

Gefüllte Zucchini – ein Standardgericht, das den meisten als erstes einfällt, wenn sie an das grüne Mittelmeergemüse denken.

Je nach Vorratslage und persönlichem Geschmack brauchen wir dafür zwei bis vier Zucchini. 150 g pro Person haben sich als grober Anhaltspunkt bewährt. Grüne wie gelbe Zucchini sind gleichermaßen geeignet. Besonders attraktiv sind auch gefüllte weiße »UFO-Zucchini«. Die Zucchini werden im Ganzen mit Salzwasser bedeckt fünf Minuten vorgegart, sehr große Zucchini entsprechend länger. Anschließend abgießen, etwas abkühlen lassen, der Länge nach halbieren (bei UFO-Zucchini einen Deckel abschneiden) und mit einem Fruchtausstecher aushöhlen. Nun wird die Füllung zubereitet, eingefüllt und je nach Einzelrezept im Ofen überbacken. Eine attraktive Variante besteht darin, die ganzen Zucchini in 5 – 8 cm lange Stücke zu schneiden, wie Röhren auszuhöhlen und sie mit der Füllung aufrecht in einer Auflaufform zu überbacken.

Dass wir für gefüllte Zucchini kein Hackfleisch brauchen, mögen die folgenden vegetarischen Füllungen beweisen. Ob verschiedene Käse-, Gemüse-, Nüsse-, Pilze- oder Getreidesorten – der Füllungsvielfalt sind keine Grenzen gesetzt!

... mit Maisfüllung

2 – 4 Zucchini
500 g Tomaten, überbrüht und geschält
1 TL Gemüsebrüheextrakt
450 g gekochte Maiskörner
2 Zwiebeln, fein gehackt
1 Bund Schnittlauch, fein geschnitten
1 TL Kräutersalz
100 g mittelalter Gouda, grob geraspelt

Zucchini nach dem Grundrezept (S. 78) vorbereiten. Tomaten mit einer Gabel zerdrücken, mit Gemüsebrüheextrakt vermischen und in eine flache Auflaufform geben. Das herausgelöste Fruchtfleisch der Zucchini mit Mais, Zwiebel und Schnittlauch mischen und mit Kräutersalz abschmecken. In die Zucchinihälften füllen. Diese auf die Tomatensauce setzen, mit dem Käse bestreuen und bei 180 – 200 °C etwa 20 Minuten überbacken.

... mit Schafskäsefüllung

2 – 4 Zucchini
100 g Schafskäse
3 EL schwarze Oliven, entkernt und gehackt
1 getrocknete, eingelegte Tomate, fein gehackt
½ Bund Basilikum, fein zerzupft
¼ l Gemüsebrühe

Zucchini nach dem Grundrezept (S. 78) vorbereiten. Das herausgelöste Fruchtfleisch zerdrücken, mit Schafskäse, Oliven, Tomate und Basilikum vermischen und in die Zucchinihälften füllen. In eine Auflaufform setzen, Brühe zugießen und bei 180 – 200 °C etwa 20 Minuten überbacken.

... mit Grünkernfüllung

2 – 4 Zucchini
300 g Grünkern, grob geschrotet
½ l Gemüsebrühe
2 Zwiebeln, gehackt
2 Knoblauchzehen, zerdrückt
2 EL Butter oder Margarine
2 Eier
100 g Räucherkäse, fein gewürfelt
4 EL Petersilie, gehackt
1 TL Rosenpaprikapulver

> Aus der Grünkernfüllung lassen sich übrigens auch sehr leckere Bratlinge herstellen, die gut zu Pellkartoffeln und verschiedenen Zucchinigemüsen (siehe »Beilagen und kleine Speisen«) passen.

Zucchini nach dem Grundrezept (S. 78) vorbereiten. Grünkernschrot in der Hälfte der Brühe mindestens eine halbe Stunde einweichen. Unter Umrühren aufkochen und auf der abgeschalteten Platte ausquellen und abkühlen lassen. Zwiebeln und Knoblauch in der Butter oder Margarine glasig dünsten. Grünkern mit Eiern, Zwiebeln, Käse, Kräutern und Paprikapulver mischen und in die Zucchini füllen. Gefüllte Zucchini und herausgelöstes Fruchtfleisch in eine Auflaufform geben, mit der restlichen Gemüsebrühe angießen und bei 180 –200 °C etwa 30 Minuten backen.

... mit Spinatfüllung

2 – 4 Zucchini
300 g Blattspinat, frisch oder eingefroren
3 Eigelb
250 g Ricotta oder Schichtkäse
60 g Parmesan, frisch gerieben
2 EL Semmelbrösel
2 TL Basilikum in Öl
Pfeffer
Salz
100 ml Gemüsebrühe

Dieses Rezept schickte mir ein mittelmeerbegeisterter Hobbykoch via Internet.

Zucchini nach dem Grundrezept (S. 78) vorbereiten. Frischen Spinat in sehr wenig Wasser kurz dünsten und zusammenfallen lassen, eingefrorenen Spinat auftauen. Die Spinatblätter fein hacken. Mit Eigelb, Ricotta bzw. Schichtkäse, Parmesan, Semmelbröseln und Basilikum mischen und mit Pfeffer und Salz abschmecken. Zucchinihälften mit der Mischung füllen und mit dem herausgelösten Fruchtfleisch in eine Auflaufform geben. Gemüsebrühe angießen und bei 200 – 220 °C etwa 25 Minuten backen.

... mit Käse-Spätzle-Füllung

2 – 4 Zucchini
150 g Vollkornspätzle
1 Zwiebel, gehackt
3 Knoblauchzehen, zerdrückt
1 TL Kräuter der Provence
1 EL Butter oder Margarine
1 Tomate, überbrüht, geschält und gewürfelt
Salz
Pfeffer
½ Bund Petersilie, gehackt
200 g Emmentaler, frisch gerieben
100 ml Gemüsebrühe

Zucchini nach dem Grundrezept (S. 78) vorbereiten, Spätzle bissfest kochen. Zwiebel, Knoblauch und Kräuter der Provence in der Butter oder Margarine glasig dünsten. Tomate zugeben und noch einige Minuten weiterdünsten. Mit Salz und Pfeffer würzen, etwas abkühlen lassen und mit Nudeln, Petersilie und Käse mischen. Die vorgekochten, ausgehöhlten Zucchinihälften mit der Masse füllen und mit dem herausgelösten Fruchtfleisch in eine Auflaufform geben. Gemüsebrühe angießen und bei 200 – 220 °C etwa 20 Minuten backen.

... mit Hirsefüllung

2 – 4 Zucchini
1 große Zwiebel, fein gehackt
1 Knoblauchzehe, zerdrückt
1 EL Öl
120 g Hirse
400 ml Gemüsebrühe
1 Lorbeerblatt
½ TL Currypulver
½ Bund Petersilie, fein gehackt
1 Ei
50 g Emmentaler, gerieben
Salz
Muskat

Zucchini nach dem Grundrezept (S. 78) vorbereiten. Zwiebeln und Knoblauch im Öl glasig dünsten und Hirse kurz mitdünsten lassen. 300 ml Gemüsebrühe, Lorbeerblatt und Currypulver zugeben, 15 – 20 Minuten leise köcheln und abkühlen lassen. Das Lorbeerblatt entfernen, Petersilie, Ei und Käse untermischen und mit Salz und Muskat abschmecken. Die vorgekochten, ausgehöhlten Zucchinihälften mit der Hirsemasse und dem herausgelösten Fruchtfleisch füllen und in eine Auflaufform geben. Restliche Gemüsebrühe angießen und bei 180 – 200 °C etwa 30 Minuten backen.

... mit Wildreisfüllung

2 – 4 Zucchini
½ Tasse Wildreis
½ TL Fenchelsamen
3 EL Butter oder Margarine
1 mittelgroße Zwiebel, gehackt
200 g Champignons, fein gewürfelt
1 Scheibe Vollkornbrot, zerbröselt
2 EL Petersilie, fein gehackt
2 EL Fenchelgrün, fein gehackt
2 – 3 EL Schlagsahne
50 g Emmentaler oder Parmesan, frisch gerieben
Salz
Pfeffer
100 ml Gemüsebrühe

Zucchini nach dem Grundrezept (S. 78) vorbereiten. Reis mit 1 ½ Tassen Wasser, Fenchelsamen und einem Esslöffel Butter oder Margarine etwa 20 Minuten garen lassen. Zwiebel und Pilze in der restlichen Butter oder Margarine dünsten. Mit Reis, Brot, Petersilie, Fenchelgrün, Sahne und der Hälfte des Käses vermischen. Mit Salz und Pfeffer würzen und in die vorgekochten, ausgehöhlten Zucchinihälften füllen. In eine gefettete Auflaufform setzen, mit dem restlichen Käse bestreuen, herausgelöstes Fruchtfleisch zugeben und mit Gemüsebrühe angießen. Bei 180 – 200 °C etwa 30 Minuten backen.

... mit Sellerie-Walnuss-Füllung

2 – 4 Zucchini
2 mittelgroße Zwiebeln, fein gehackt
1 Knoblauchzehe, zerdrückt
4 Stängel Stangensellerie mit Blättern, fein gehackt
1 – 2 EL Öl
100 g Walnüsse, grob gehackt
2 EL Tahin (Sesammus)
1 Bund Petersilie, fein gehackt
1 Ei
Kräutersalz
Pfeffer
100 ml Gemüsebrühe
50 g Emmentaler, frisch gerieben

Zucchini nach dem Grundrezept (S. 78) vorbereiten. Zwiebeln, Knoblauch und Sellerie im Öl glasig dünsten, etwas abkühlen lassen und mit Walnüssen, Tahin, Petersilie und Ei verrühren. Mit Kräutersalz und Pfeffer abschmecken. Die vorgekochten, ausgehöhlten Zucchinihälften mit der Nuss-Gemüse-Masse füllen und mit dem herausgelösten Fruchtfleisch in eine Auflaufform setzen. Gemüsebrühe angießen und mit Käse bestreuen. Bei 180 – 200 °C etwa 30 Minuten backen.

... gefüllt mit Pfifferlingen

2 – 4 Zucchini
1 Zwiebel, gehackt
150 g Pfifferlinge, grob geschnitten
1 – 2 EL Öl
½ TL Thymian
2 EL Petersilie, gehackt
1 Ei
4 EL Haferflocken
4 EL Schlagsahne
Salz
Pfeffer
100 ml Gemüsebrühe

Zucchini nach dem Grundrezept (S. 78) vorbereiten. Zwiebel und Pfifferlinge in Öl andünsten. Thymian und Petersilie dazugeben, noch einige Minuten schmoren und dann abkühlen lassen. Ei mit Haferflocken und Sahne verquirlen und mit der Pilzmischung verrühren. Mit Salz und Pfeffer würzen. Die vorgekochten, ausgehöhlten Zucchinihälften mit der Masse füllen und in eine Auflaufform setzen. Gemüsebrühe angießen und bei 180 – 200 °C etwa 30 Minuten backen.

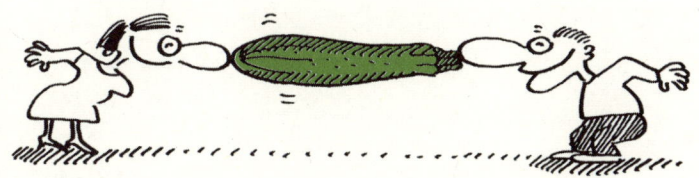

... gefüllt mit Champignons

2 – 4 Zucchini
1 Zwiebel, gehackt
1 EL Öl
125 g frische Champignons, klein gehackt
2 Hand voll Brokkoli-Röschen, klein gehackt
2 kleine Möhren, in dünne Scheiben geschnitten
2 Scheiben Räucherkäse, fein gewürfelt
1 Ei
½ Bund Petersilie oder Kerbel, grob gehackt
Kräutersalz
Pfeffer
Muskat
Thymian
100 ml Gemüsebrühe

Zucchini nach dem Grundrezept (S. 78) vorbereiten. Zwiebel im Öl dünsten, Champignons, Brokkoli und Möhren zugeben und gar dünsten. Etwas abkühlen lassen und mit dem Räucherkäse, dem Ei und den Kräutern mischen. Mit Kräutersalz, Pfeffer, Muskat und reichlich Thymian abschmecken. Die vorgekochten, ausgehöhlten Zucchinihälften mit der Masse füllen und mit dem herausgelösten Fruchtfleisch in eine Auflaufform geben. Gemüsebrühe angießen und bei 180 – 200 °C etwa 30 Minuten backen.

Intensivkur

Leckere Hauptgerichte

Saftige Pizza

500 g Weizenvollkornmehl
1 Päckchen Trockenhefe
3 Eier
5 EL Olivenöl
1 TL Vollrohrzucker
1 TL Salz
6 Tomaten, überbrüht und geschält
4 EL Tomatenmark
2 Knoblauchzehen, zerdrückt
1 TL Gemüsebrüheextrakt
1 TL Kräuter der Provence
1 kg Zucchini, in Scheiben geschnitten
150 ml Milch
1 Bund Basilikum, gehackt
Salz
Pfeffer
150 g Parmesan, frisch gerieben

Mehl und Hefe mischen. Mit einem Ei, Öl, Zucker und Salz sowie einem Viertelliter lauwarmem Wasser zu einem geschmeidigen Teig verkneten. An einem warmen Ort zugedeckt eine Stunde gehen lassen und anschließend auf einem gefetteten Backblech ausrollen. Tomaten, Tomatenmark, Knoblauch, Gemüsebrüheextrakt und Kräuter der Provence verrühren und auf den Hefeteig streichen. Zucchinischeiben darauf verteilen. Restliche Eier mit Milch und Basilikum verquirlen, mit Salz und Pfeffer würzen und über die Zucchinischeiben streichen. Mit dem Käse bestreuen. Im leicht angewärmten Ofen nochmals eine halbe Stunde gehen lassen, anschließend bei 180 – 200 °C etwa 40 Minuten backen.

Pizza verkehrt

100 g grobe Vollkornsemmelbrösel
1 Knoblauchzehe, zerdrückt
1 EL Olivenöl
2 große Eier
2 EL Weizenvollkornmehl
1 ordentliche Prise Pfeffer
1 TL Basilikum, getrocknet
100 g Möhren, geraspelt
100 g Zucchini, geraspelt
80 g Pilze, feinblättrig geschnitten
80 g mittelalter Gouda, gerieben

Semmelbrösel und Knoblauch im Olivenöl etwa fünf Minuten vorsichtig rösten. Eier, Mehl, Gewürze, Möhren und Zucchini mischen, Semmelbrösel gründlich unterkneten. Teig in Pizzaform auf ein gefettetes Blech drücken und bei 180 – 200 °C etwa 20 Minuten backen. Mit Pilzen und Käse bestreuen und weitere zehn Minuten backen, bis der Käse geschmolzen ist.

> Pizza einmal anders: Möhren und Zucchini stecken im Semmelbröselteig und das Ganze wird mit Pilzen und Käse überbacken. Das Rezept reicht für eine runde Pizza von etwa 30 cm Durchmesser für vier Personen mit kleinem Hunger. Für knurrende Mägen sollte die Menge verdoppelt oder verdreifacht und gleich ein ganzes Blech gebacken werden.

Röhrchennudeln mit Zucchini-Käse-Sauce

400 g Vollkorn-Röhrchennudeln
500 g Zucchini
1 Zwiebel, gehackt
2 Knoblauchzehen, zerdrückt
2 EL Butter oder Margarine
200 ml Schlagsahne
100 g Parmesan, frisch gerieben
Salz
Pfeffer
1 Bund Petersilie, gehackt

Nudeln in reichlich Salzwasser bissfest garen. Zucchini in etwa 3 cm lange, dünne Stifte schneiden. Zwiebel und Knoblauch in der Butter oder Margarine glasig dünsten. Zucchini zugeben und etwa zehn Minuten mitdünsten lassen. Inzwischen Sahne erhitzen und aufkochen lassen. Den Parmesan unter ständigem Rühren darin schmelzen lassen. Sauce mit Salz und Pfeffer würzen, Petersilie und Zucchini unterrühren und zu den Röhrchennudeln servieren.

Zucchini-Curry-Reis mit Ananas

1 Tasse Naturreis
2 EL Honig
½ TL Kurkuma (Gelbwurz), gemahlen
1 ½ TL Currypulver
2 Tassen Zucchini, grob geraspelt
1 Bund Schnittlauch, grob geschnitten
½ Tasse Rosinen
2 Tassen frische Ananas, gewürfelt

Naturreis in zwei Tassen Wasser etwa 35 Minuten oder nach Packungsvorschrift leise köchelnd quellen lassen. Honig mit Gewürzen verrühren und unter den Reis mischen. Zucchini und Schnittlauch in wenig Salzwasser fünf Minuten garen. Zum Schluss Rosinen etwa eine Minute mitkochen lassen. Abgießen und gut abtropfen lassen. Reis und Zucchinimasse vermischen und zuletzt die Ananaswürfel unterheben. Heiß servieren!

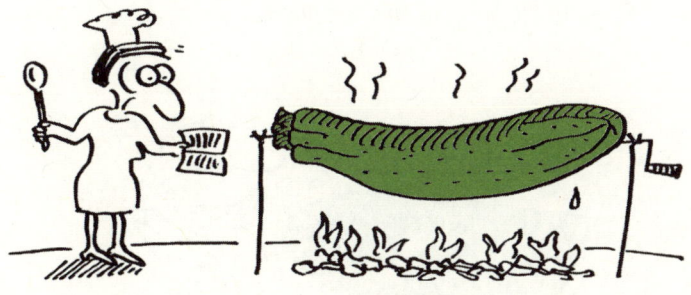

Zucchini-Mozzarella-Auflauf

1 Zwiebel, gehackt
2 Knoblauchzehen, zerdrückt
Öl
800 g Tomaten, überbrüht und geschält
1 TL Gemüsebrüheextrakt
600 g Zucchini, in ½ cm breite Scheiben geschnitten
Salz
Pfeffer
300 g Mozzarella, in dünne Scheiben geschnitten
1 Bund Basilikum, fein gehackt
100 g Parmesan, frisch gerieben

Zwiebel und Knoblauch in wenig Öl glasig dünsten. Tomaten und Gemüsebrüheextrakt dazugeben und einige Minuten köcheln. Zucchini in wenig Öl anbraten, mit Salz und Pfeffer kräftig würzen. In eine Auflaufform die Hälfte der Tomatensauce geben, darauf die Hälfte der Zucchinischeiben und abschließend die Hälfte der Mozzarellascheiben verteilen. Mit Basilikum bestreuen. In der gleichen Reihenfolge die restlichen Zutaten einschichten. Die letzte Schicht dick mit Parmesan abdecken. Bei 180 – 200 °C etwa 30 Minuten backen.

Mexikanische Enchiladas

150 g Maismehl
150 g Weizenvollkornmehl
200 ml Wasser
9 EL Öl
Salz
2 Zwiebeln, gehackt
2 Fleischtomaten, überbrüht,
    geschält und gewürfelt
3 – 4 rote Chilischoten,
    entkernt und fein gehackt
500 g Zucchini, grob geraspelt
Öl zum Backen
100 g Edamer oder Emmentaler, frisch gerieben

> Bei diesem mexikanischen Gericht kommen endlich auch einmal die Freundinnen und Freunde scharfer Genüsse auf ihre Kosten. Wer's nicht so scharf mag, nimmt weniger Chilischoten. Wen es nach noch mehr Feuer gelüstet, belässt in einem der Chilis das Kerngehäuse.

Mehl mit Wasser, fünf Esslöffeln Öl und einem Teelöffel Salz verkneten (eventuell noch etwas Wasser dazugeben) und zugedeckt eine Stunde ruhen lassen.

Zwiebeln in drei Esslöffeln Öl glasig dünsten, Tomaten und Chili zugeben, mit Salz abschmecken und eine Weile köcheln lassen, bis die Sauce eingedickt ist. Zucchini in einem Esslöffel Öl etwa drei Minuten dünsten und leicht salzen. Aus dem Teig 20 tischtennisballgroße Kugeln formen und einzeln auf einer bemehlten Fläche dünn ausrollen. Die Fladen nun in heißem Öl von jeder Seite etwa eine Minute backen (bis sie hellbraune Flecken bekommen) und auf einem Teller stapeln. Die fertigen Fladen dünn mit der Tomatensauce bestreichen, mit Zucchiniraspeln belegen, zusammenrollen und nebeneinander in eine Auflaufform legen. Noch einmal dünn mit Tomatensauce bestreichen. Käse darüber streuen und bei 180 –200 °C etwa 20 Minuten überbacken.

Zucchini exotisch

2 Zwiebeln, grob gehackt
1 große Knoblauchzehe, zerdrückt
1 TL Curry
5 EL Öl
1 kg Zucchini, in Würfel geschnitten
6 EL Weißwein
1 TL Gemüsebrüheextrakt
500 g Tomaten, geviertelt
3 EL Mangosauce oder Mangochutney
abgeriebene Schale einer Zitrone
1 Bund Zitronenmelisse, gehackt

Zwiebeln und Knoblauch mit dem Curry in Öl glasig dünsten. Zucchini zugeben und einige Minuten weiterdünsten. Mit Weißwein und eventuell etwas Wasser ablöschen. Gemüsebrüheextrakt unterrühren und zugedeckt etwa zehn Minuten garen lassen. Tomaten zugeben und weitere fünf Minuten schmoren. Mangosauce bzw. Mangochutney und Zitronenschale unterrühren. Mit Zitronenmelisse bestreuen. Dazu schmeckt Vollkornreis oder ein herzhafter Hirsebrei.

Zucchini-Tofu-Gratin

750 g Zucchini,
   in 2 – 3 mm schmale Scheiben geschnitten
300 g Tofu
200 ml Schlagsahne
1 TL Kräutersalz
1 TL Thymian, getrocknet
Pfeffer
1 Zwiebel, fein gehackt
2 Knoblauchzehen, zerdrückt
1 Bund Petersilie, gehackt
100 g Parmesan, frisch gerieben
500 g Tomaten, in Scheiben geschnitten

Wer möchte, kann dazu gleich ein paar neue Kartoffeln in der Schale im Ofen mitbacken lassen.

Zucchinischeiben dachziegelartig in eine breite Auflaufform schichten. Tofu mit der Sahne im Mixer oder mit dem Pürierstab pürieren, mit den Gewürzen, Zwiebel, Knoblauch, Petersilie und der Hälfte des Käses vermischen und über die Zucchini streichen. Mit den Tomaten belegen und dem restlichen Käse bestreuen. Bei 180 – 200 °C etwa 40 Minuten backen.

Tomaten mit Zucchinifüllung

300 g Zucchini
300 g Hüttenkäse
Kräutersalz
Pfeffer
Bohnenkraut
8 Fleischtomaten
Gemüsebrüheextrakt
1 Knoblauchzehe, zerdrückt
100 g mittelalter Gouda, grob geraspelt

> Warum immer nur Zucchini füllen? Rühren wir aus den grünen Früchten doch auch einmal eine Füllung für ein anderes Gemüse an.

Zucchini in 1 cm breite Scheiben schneiden und in wenig kochendem Salzwasser etwa zehn Minuten garen. Mit dem Schaumlöffel herausnehmen, gut abtropfen lassen und im Mixer oder mit dem Pürierstab pürieren. Mit dem Hüttenkäse vermischen und mit Kräutersalz, Pfeffer und Bohnenkraut würzen. Tomaten vom Blütenansatz befreien, Deckel abschneiden und mit einem Fruchtausstecher vorsichtig aushöhlen. Deckel und herausgelöstes Inneres im Mixer oder mit dem Pürierstab pürieren, mit Gemüsebrüheextrakt und Knoblauch mischen und in eine flache Auflaufform gießen. Tomaten mit der Zucchini-Käse-Mischung füllen, auf die Tomatensauce setzen und mit Gouda bestreuen. Bei 180 – 200 °C etwa 20 Minuten überbacken. Dazu passen Vollkornspätzle und grüner Salat.

Grünkern-Gemüse-Pfanne

150 g Grünkern
½ l Gemüsebrühe
500 g Blumenkohl, in Röschen zerteilt
2 Zwiebeln, gehackt
2 Knoblauchzehen, gehackt
300 g Auberginen, gewürfelt
300 g Zucchini, gewürfelt
4 EL Olivenöl
500 g Tomaten, gehäutet und klein geschnitten
Salz
Pfeffer
1 EL Kräuter der Provence

Grünkern in 400 ml Brühe aufkochen und auf kleiner Flamme zugedeckt quellen lassen. Nach zehn Minuten Blumenkohl auflegen und weitere zehn Minuten zugedeckt mitgaren lassen. Zwiebeln, Knoblauch, Auberginen und Zucchini in Öl dünsten, Tomaten und Gewürze zugeben. Grünkern, Blumenkohl und den Rest der Brühe zugießen und noch einmal zehn Minuten garen lassen. Dazu essen wir am liebsten Spiegelei und einen mit Öl, Essig, etwas Schafskäse und viel frischem Dill angemachten Knacksalat.

Grüne Lasagne

1 Möhre, fein gewürfelt
2 Stangen Staudensellerie, gehackt
1 Zwiebel, gehackt
2 Knoblauchzehen, zerdrückt
500 g Zucchini, fein gewürfelt
2 – 3 EL Olivenöl
1 Hand voll Selleriegrün oder 1 Zweig Liebstöckel, gehackt
Kräutersalz
Pfeffer
500 g Tomaten, gehäutet und klein geschnitten
1 Tasse kräftige Gemüsebrühe
Oregano, frisch oder getrocknet
1 EL Butter oder Margarine
2 EL Weizenvollkornmehl
200 ml Milch
Muskatnuss
6 – 8 grüne Lasagneblätter (»ohne Vorkochen«)
100 g Emmentaler oder Parmesan, frisch gerieben

Gemüse in Öl gar dünsten. Selleriegrün oder Liebstöckel zugeben, mit Salz und Pfeffer würzen. Die Tomaten mit Gemüsebrühe aufkochen, mit Salz, Pfeffer und Oregano würzen. Für die Béchamelsauce Butter oder Margarine mit Mehl anschwitzen, Milch zugießen und unter ständigem Rühren aufkochen lassen. Mit Salz und Muskat würzen. Boden einer Auflaufform mit Tomatensauce bedecken. Abwechselnd Lasagneblätter, Gemüsemischung, Tomatensauce und Béchamelsauce einschichten. Die oberste Schicht sollte aus Sauce bestehen, so dass die Lasagneplatten gut abgedeckt sind. Mit dem Käse bestreuen und bei 180 – 200 °C etwa 30 Minuten backen.

Zucchini-Hirse-Soufflé

120 g Hirse
300 ml Gemüsebrühe
2 Zwiebeln, gehackt
1 Knoblauchzehe, zerdrückt
2 EL Olivenöl
500 g Zucchini, grob geraspelt
Kräutersalz
Pfeffer
2 Eier
4 EL Quark
50 g Schafskäse

Hirse in der Gemüsebrühe aufkochen lassen, vom Feuer nehmen und 15 – 20 Minuten quellen lassen. Zwiebeln und Knoblauch in dem Öl glasig dünsten. Zucchini dazugeben und einige Minuten mitdünsten lassen. Mit Salz und Pfeffer würzen. Eier trennen. Eigelb und Quark verrühren und mit Hirse und Zucchini vermischen. Eiweiß sehr steif schlagen und unter die Zucchini-Hirse-Masse heben. In eine gefettete Auflaufform geben, Schafskäse darüber bröckeln und bei 180 – 200 °C etwa 30 Minuten backen.

Nörten-Harden-Burger

2 Eier
70 g Weizenkeime
50 g mittelalter Gouda, gerieben
2 Champignons, fein gewürfelt
1 mittelgroße Zwiebel, fein gehackt
1 TL Kräuter der Provence
150 g Zucchini, grob geraspelt
Salz
Pfeffer
Öl zum Braten
4 extragroße, weiche Sesambrötchen (selbst backen oder einen Vorrat in der Bäckerei bestellen und einfrieren)
Senf
Ketchup
8 Blätter Eisbergsalat
1 große Gewürzgurke, in Scheiben geschnitten
1 große Tomate, in Scheiben geschnitten

> Wie können wir unseren Kindern gesünderes Essen schmackhaft machen? Vielleicht, indem wir immer wieder einmal auf ihre Geschmacksvorlieben eingehen. Beim Zusammenstellen unseres Zucchini-Burgers können selbst kleinere Kinder schon mit Hand anlegen. Auch auf Kindergeburtstagen hat er sich bestens bewährt.
> Wer einen Orts- oder Familiennamen hat, der auf -berg oder -burg endet, macht es wie wir und stiftet die Kinder an, dem Burger einen neuen Namen zu geben.

Eier schaumig rühren. Weizenkeime, Käse, Pilze, Zwiebeln, Kräuter und Zucchini untermischen und mit Salz und Pfeffer abschmecken. Vier gleich große Fladen formen und in Öl von beiden Seiten goldbraun braten. Brötchen aufschneiden, untere Hälfte mit je einem großen Klecks Senf und Ketchup bestreichen und mit jeweils zwei Salatblättern, einigen Gurken- und Tomatenscheiben sowie einem Zucchinifladen belegen. Zuletzt die obere Brötchenhälfte darüber klappen.

Angersteiner Blütentraum

500 g Vollkornnudeln
1 Zwiebel, grob gehackt
400 g kleine Zucchini, in dünne Scheiben geschnitten
1 EL Olivenöl
3 EL Butter oder Margarine
50 g Zucchiniblütenblätter
100 g Parmesankäse, frisch gerieben
Salz
Pfeffer
1 große Zucchiniblüte oder eine Hand voll andere essbare
 Blüten (z. B. Kapuzinerkresse- oder Borretschblüten)
 zum Verzieren

Vollkornnudeln bissfest kochen. Zwiebel und Zucchini in Olivenöl und einem Esslöffel Butter oder Margarine leicht bräunen. Restliche Butter oder Margarine zugeben, Blütenblätter vorsichtig unterheben und vom Herd nehmen. In einer großen Schüssel mit Nudeln und Käse vermischen, mit Salz und Pfeffer abschmecken und den restlichen Blüten verzieren. Sofort servieren!

Wenn sich an einem warmen Sommertag besonders viele goldgelbe Zucchiniblüten geöffnet haben, bietet sich DIE Gelegenheit für unser außergewöhnliches Nudelgericht!

Käse-Zucchini-Makkaroni

400 g Vollkornmakkaroni
400 g Zucchini, grob geraffelt
1 Bund Petersilie, fein gehackt
2 Knoblauchzehen, zerdrückt
Kräutersalz
80 g Gouda, frisch gerieben
80 g Parmesan, frisch gerieben
4 EL Olivenöl
4 EL Milch

Makkaroni in reichlich Salzwasser bissfest kochen, Kochwasser abgießen und Makkaroni gleich wieder in den heißen Topf zurückgeben. Mit Zucchini, Petersilie und Knoblauch vermischen, mit Kräutersalz würzen und den Topf mit einem Deckel schließen. Übrige Zutaten in einem kleinen Topf erhitzen und glatt rühren. Über die Nudeln geben und sofort servieren.

Eierpfannkuchen mit Zucchinifüllung

1 große Zwiebel, gehackt
4 EL Butter oder Margarine
750 g Zucchini, in dünne Scheiben geschnitten
Salz
Pfeffer
Koriander, gemahlen
4 EL Schlagsahne
100 g Gorgonzola
4 Eier
2 gehäufte EL Weizenvollkornmehl
¼ l Milch
Muskat
1 Hand voll frische Kresse

Zwiebel in der Hälfte der Butter oder Margarine glasig dünsten, Zucchini zugeben und kurz mitdünsten lassen. Mit Salz, Pfeffer und Koriander würzen. ¼ l Wasser zugeben und etwa zehn Minuten kochen lassen, Sahne und Gorgonzola unterrühren, bis der Käse ganz geschmolzen ist.
Eier, Mehl und Milch verquirlen, mit Salz und Muskat würzen und in der restlichen Butter oder Margarine vier Pfannkuchen ausbacken. Auf Teller geben, eine Hälfte mit der Zucchinifüllung belegen und die andere Hälfte darüber klappen. Mit frischer Kresse bestreuen.

Zucchini-Omelett

750 g Zucchini, in ½ cm dicke Scheiben geschnitten
4 EL Olivenöl
1 große Fleischtomate, überbrüht, geschält und gewürfelt
2 EL Dill, gehackt
Salz
Pfeffer
6 Eier
50 g Feta, fein zerkrümelt

In einer Pfanne Zucchinischeiben im Öl andünsten, Tomate und Dill zugeben, mit Salz und Pfeffer würzen und zugedeckt bei schwacher Hitze 15 Minuten garen lassen. Eier verquirlen, mit dem Käse mischen, über das Gemüse geben und stocken lassen.

Aus der griechischen Küche stammt dieses saftige Omelett. Wir essen dazu Vollkornbrot und frischen Tomatensalat.

Fenchel-Zucchini-Platte mit Pfifferlingen

1 große Fenchelknolle
500 g Zucchini
1 große Zwiebel, grob gehackt
250 g Pfifferlinge
2 EL Öl
Salz
Pfeffer
250 ml Schlagsahne
1 EL getrockneter Thymian
½ Bund Petersilie

Aus der Fenchelknolle den Strunk entfernen, die Knolle in Salzwasser etwa 15 Minuten garen und in Würfel schneiden. Zucchini ebenfalls in Salzwasser etwa fünf Minuten kochen und in ½ cm dicke Scheiben schneiden. Zwiebel und Pfifferlinge im Öl kräftig anbraten und mit Salz und Pfeffer würzen. Sahne zugießen und so lange köcheln lassen, bis die Sahne eingedickt ist. Zucchinischeiben auf eine Platte legen und Fenchelwürfel darauf verteilen. Mit Thymian bestreuen und mit Salz und Pfeffer würzen. In die Mitte die Pfifferlinge setzen und mit einem Petersiliensträußchen garnieren.

Schafskäse-Gratin

500 g frischer Schafskäse
500 g Tomaten,
 in Scheiben geschnitten
500 g Zucchini,
 in ½ cm dünne Scheiben geschnitten
3 EL Olivenöl
Salz
Pfeffer
1 EL Oregano, getrocknet

Hierzu schmecken ein grüner Salat und Vollkornbrot.

Schafskäse in etwa 5 cm lange und ½ cm breite Scheiben schneiden. Abwechselnd mit den Tomaten- und Zucchinischeiben dachziegelartig in eine flache, breite Auflaufform schichten und mit dem Olivenöl bepinseln. Zuletzt mit Salz, Pfeffer und Oregano bestreuen und bei 180 – 200 °C etwa 20 Minuten backen, bis der Käse an den Rändern leicht gebräunt ist.

Indische Gemüsepfanne

2 Tassen Naturreis
2 festkochende Kartoffeln
150 g Erbsen
250 g Zwiebeln,
   in dünne Ringe geschnitten
2 EL Öl
500 g Zucchini, in dünne Scheiben geschnitten
½ Chilischote, entkernt und fein gehackt
2 TL Currypulver
1 TL Jeera (indischer Kreuzkümmel)
1 TL Koriander, gemahlen
1 Messerspitze Masala (indische Gewürzmischung)
200 ml Gemüsebrühe
30 g ganze, ungeschälte Mandeln

Reis mit fünf Tassen Salzwasser 40 Minuten oder nach Packungsangabe leise köchelnd quellen lassen. Kartoffeln und Erbsen jeweils in Salzwasser garen; die gekochten Kartoffeln schälen und in Scheiben schneiden, die Erbsen abgießen und beides beiseite stellen. Zwiebelringe im Öl glasig dünsten, Zucchini und Gewürze zugeben und einige Minuten mitdünsten lassen. Gemüsebrühe angießen und das Gemüse in der geschlossenen Pfanne etwa zehn Minuten köcheln lassen. Kartoffeln, Erbsen und Mandeln unterheben und zu dem Reis servieren.

> Die Zucchini harmonieren sehr gut mit den exotischen Gewürzen. Die Gemüsepfanne ergibt eine sättigende Mahlzeit.

Quiche Rot-Grün

250 g Weizenvollkornmehl
½ TL Salz
100 g Butter oder Margarine
1 Ei
5 EL kaltes Wasser
150 g Emmentaler, frisch gerieben
700 g kleine Zucchini,
    längs in schmale Scheiben geschnitten
2 rote Paprika, in feine Streifen geschnitten
Kräutersalz
Muskat
4 Eier
300 g Joghurt

Mehl, Salz und Butter oder Margarine mischen, Ei und Wasser verquirlen, zugießen und gut unterkneten. Den Teig mindestens eine Stunde an einem kühlen Ort ruhen lassen. Zwei Drittel des Teigs auf dem Boden einer gefetteten Springform verteilen, aus dem restlichen Drittel einen etwa 3 cm hohen Rand formen. Ein Drittel des Käses auf den Teigboden streuen. Die Zucchinischeiben fächerförmig darauf verteilen, die Paprikastreifen dazwischen stecken. Mit Kräutersalz und Muskat würzen und mit dem restlichen Käse bestreuen. Eier und Joghurt verquirlen und darüber gießen. Bei 160 – 180 °C etwa eine Stunde backen.

Saftiger Körnerauflauf

150 g Roggen
150 g Weizen
2 TL Gemüsebrüheextrakt
250 g Zucchini, in Scheiben geschnitten
½ Blumenkohl, in kleine Röschen zerteilt
2 Möhren, in Scheiben geschnitten
½ Kohlrabi, in kleine Stifte geschnitten
4 EL Olivenöl
Kräutersalz
Pfeffer
4 große Tomaten, in Scheiben geschnitten
½ Bund frischer Kerbel, gehackt
100 g Emmentaler, frisch gerieben

Roggen und Weizen mindestens zehn Stunden (oder über Nacht) in ¼ l Wasser einweichen. Getreide im Einweichwasser mit dem Gemüsebrüheextrakt 30 – 40 Minuten leise köcheln lassen, dabei nach Bedarf Wasser nachgießen. Das Gemüse im Olivenöl dünsten, gekochte Körner zugeben und mit Salz und Pfeffer würzen. In eine flache, gefettete Auflaufform streichen und mit den Tomatenscheiben belegen. Kerbel und Käse darüber streuen und bei 180 – 200 °C etwa 30 Minuten backen.

Zucchini-Fladen mit Blumenkohl und Basilikum-Käse-Quark

1 Blumenkohl
300 g Zucchini, grob geraffelt
150 g Lauch, in feine Streifen geschnitten
2 EL Butter oder Margarine
Salz
Pfeffer
4 Eier
4 gehäufte EL Weizenvollkornmehl
4 EL Milch
Öl zum Ausbacken
250 g Magerquark
150 ml Joghurt
1 Bund Basilikum
2 EL Parmesan, frisch gerieben
einige Spritzer Tabasco- oder Jalapeñosauce

> Für den großen Hunger zusätzlich pro Person eine große Kartoffel im Ofen backen.

Blumenkohl in Salzwasser bissfest garen. Zucchini und Lauch in der Butter oder Margarine dünsten, mit Salz und Pfeffer würzen und abkühlen lassen. Eier verquirlen, mit Mehl und Milch mixen und mit Salz und Pfeffer würzen. Die Zucchini-Lauch-Mischung unter den Teig rühren und in reichlich Öl acht Fladen ausbacken. Quark mit Joghurt, Basilikum, Parmesan und scharfer Sauce verrühren und im Mixer oder mit dem Pürierstab pürieren. Fladen und Quark zum Blumenkohl servieren.

Bierteig-Doppeldecker mit Pellkartoffeln und Tomatenquark

100 ml Bier
4 gehäufte EL Weizenvollkornmehl
1 Ei
Salz
Vollrohrzucker
1 kg neue Kartoffeln
5 Tomaten, geschält und geviertelt
1 Tasse Tomatensaft
100 g Schafskäse
1 Bund Petersilie, gehackt
250 g Magerquark
Pfeffer
800 g dicke Zucchini, in ½ cm dicke Scheiben geschnitten
125 g pikanter Brotaufstrich, z. B. »Kräuterdinkel«

> Als Füllung für die ausgebackenen Doppeldecker eignet sich jeder pikante Brotaufstrich.

Bier mit Mehl und Ei verquirlen, mit je ½ Teelöffel Salz und Zucker würzen und etwa 20 Minuten ruhen lassen. Kartoffeln mit der Schale 15 – 20 Minuten in Salzwasser kochen. Tomaten mit Tomatensaft, Schafskäse, Petersilie und Quark im Mixer oder mit dem Pürierstab fein pürieren, mit Salz und Pfeffer abschmecken. Zucchinischeiben mit Salz und Pfeffer bestreuen, jeweils eine Scheibe mit Aufstrich bestreichen und eine Scheibe darauf legen. Die Doppeldecker in den Bierteig tauchen und in reichlich Öl von beiden Seiten goldbraun ausbacken. Gemeinsam mit Kartoffeln und Tomatenquark servieren.

Zucchini vom Blech
mit Hirsekruste

100 g Hirse
250 ml Gemüsebrühe
1 mittelgroße Zwiebel, fein gehackt
1 Knoblauchzehe, zerdrückt
Saft und 1 TL geriebene Schale
  einer unbehandelten Zitrone
100 g Emmentaler, frisch gerieben
1 Ei
5 EL Milch
1 TL Thymian
Salz
Pfeffer
4 EL Olivenöl
750 g Zucchini
1 EL Butter oder Margarine

> Hierzu schmeckt ein mit Balsamico-Essig, Olivenöl und frischem Basilikum angemachter Tomatensalat.

Hirse in der Gemüsebrühe 20 Minuten leise köcheln und abkühlen lassen. Mit Zwiebel, Knoblauch, Zitronenschale, Käse, Ei und Milch mischen, mit Thymian, Salz und Pfeffer würzen. Ein Backblech mit zwei Esslöffeln Olivenöl einfetten. Zucchini der Länge nach in 1 cm dicke Scheiben schneiden und auf dem Backblech verteilen. Restliches Olivenöl mit Zitronensaft mischen und die Zucchinischeiben damit bepinseln. Zuletzt die Hirsemasse aufstreichen und die Butter oder Margarine in Flöckchen aufsetzen. Bei 180 – 200 °C etwa 45 Minuten backen.

Auberginen-Zucchini-Lasagne

1 kg Auberginen
500 g Zucchini
Olivenöl
300 g Tofu,
   mit der Gabel zerdrückt
300 g Hüttenkäse
150 g Mozzarella,
   sehr klein geschnitten
150 g gekochter Vollkornreis
   (vorher kochen oder als Resteverwertung)
1 TL Fenchelsamen, zerstoßen
1 TL Kräutersalz
½ TL Paprikapulver
Pfeffer
500 g Tomaten, gehäutet und klein geschnitten
1 TL Gemüsebrüheextrakt
100 g Parmesan, frisch gerieben

Dünne Auberginen- und Zucchinischeiben ersetzen in diesem Rezept die traditionellen Nudelplatten, während sich Tofu, Hüttenkäse, Mozzarella und Reis zu einer würzigen Füllung vereinen.

Auberginen der Länge nach in 1 cm dicke, Zucchini der Länge nach in ½ cm dicke Scheiben schneiden. Zwei Backbleche mit Olivenöl einstreichen, Gemüsescheiben darauf verteilen, mit Olivenöl bepinseln, bei 180 – 200 °C 15 Minuten backen, wenden und noch einmal 15 Minuten backen. Tofu, Hüttenkäse, Mozzarella, Reis und Gewürze mischen. Tomaten erwärmen und mit Gemüsebrüheextrakt würzen. Den Boden einer ofenfesten Form mit Tomatensauce bedecken, eine Lage Gemüsescheiben darauf verteilen und mit der Tofu-Käse-Mischung bedecken. In dieser Reihenfolge weiterschichten, bis die Zutaten aufgebraucht sind. Mit Parmesan bestreuen und bei 180 – 200 °C etwa 45 Minuten backen.

Spaghetti mit Zucchinisauce

500 g Vollkornspaghetti
750 g Zucchini, grob geraspelt
1 große Zwiebel, fein gehackt
1 Knoblauchzehe, zerdrückt
2 EL Öl
1 EL Kräuter der Provence
350 ml Sahne
4 EL Tomatenmark
80 g Parmesan, frisch gerieben
Salz
Pfeffer
½ Bund Basilikum, grob zerzupft

Spaghetti in reichlich Salzwasser bissfest kochen. Zucchini, Zwiebel und Knoblauch im Öl andünsten, Kräuter der Provence und Sahne zugeben und etwa fünf Minuten leise köcheln lassen. Tomatenmark und Käse unterrühren und mit Salz und Pfeffer abschmecken. Über die Spaghetti geben und mit Basilikum bestreuen.

Mittelmeertopf à la Ursula

8 ungeschälte Knoblauchzehen
750 g Zucchini, in Scheiben geschnitten
12 Cocktailtomaten
1 Zweig Rosmarin
1 Bund Basilikum, zerzupft
4 EL Olivenöl
Salz
Pfeffer
1 Prise Vollrohrzucker
Gemüsebrüheextrakt

> Der Clou an diesem Rezept sind die ungeschält mitgekochten Knoblauchzehen. Für alle Liebhaberinnen und Liebhaber der duftenden Knolle machen sie das Gericht zu einem würzigen Gemüsetraum!

Knoblauchzehen mit wenig Wasser zehn Minuten leise köcheln lassen. Zucchini, Tomaten, Rosmarin, die Hälfte des Basilikums und das Olivenöl zugeben, mit Salz, Pfeffer und Zucker würzen, eventuell noch etwas Wasser nachgießen und wieder zum Kochen bringen. Nach zehn Minuten restliches Basilikum zugeben und weitere 10 – 15 Minuten kochen lassen. Zum Schluss mit etwas Gemüsebrüheextrakt abschmecken und mit Vollkornreis servieren.

Kurz vor dem Servieren gibt die Köchin noch ihre Spezialität hinzu: In ein nicht zu großes Glas hat sie Knoblauchstücke, milden Schafskäse in Würfeln, Pfefferkörner und reichlich Basilikum geschichtet, das Ganze mit mildem Olivenöl bedeckt und es drei Wochen an einem dunklen Ort (nicht im Kühlschrank!) durchziehen lassen. Von dieser duftenden Mixtur träufelt sie einige Teelöffel über das fertige Gericht – köstlich!

Austernpilz-Zucchini-Gratin

500 g Austernpilze
1 Knoblauchzehe, zerdrückt
2 EL Butter oder Margarine
400 g Zucchini, in Scheiben geschnitten
Salz
Pfeffer
Muskat
100 ml Sahne
100 ml Milch
2 Eier
50 g Emmentaler, frisch gerieben

Austernpilze in mundgerechte Stücke schneiden und mit dem Knoblauch in der Butter oder Margarine von allen Seiten anbraten. Zucchini in kochendem Salzwasser eine Minute blanchieren und gut abtropfen lassen. Austernpilze und Zucchinischeiben in eine gefettete breite Auflaufform dachziegelartig einschichten und mit Salz, Pfeffer und Muskat würzen. Sahne, Milch, Eier und Emmentaler verquirlen und über das Gemüse gießen. Bei 180 – 200 °C etwa 35 Minuten backen.

Falsche Nudeln mit Käsesauce

1 grüner Paprika, entkernt und fein gewürfelt
1 EL Öl
6 mittelgroße Zucchini
6 große Möhren
200 g Brie
2 EL saure Sahne
1 TL Zitronensaft
4 EL Milch
Salz
Pfeffer
½ Bund Petersilie, fein gehackt

Paprika im Öl weich dünsten. Zucchini und Möhren mit einem Kartoffelschälmesser in lange dünne Streifen (»Bandnudeln«) schneiden. Die Möhren- und Zucchinistreifen in getrennten Töpfen knapp mit kochendem Wasser bedecken und drei Minuten (nicht länger!) garen. Käse, saure Sahne, Zitronensaft und Milch mischen, im Mixer oder mit dem Pürierstab fein pürieren, mit Salz und reichlich Pfeffer würzen und zum Paprika geben. Käsesauce mit Paprika erhitzen und in eine flache Schüssel geben. Mit den falschen Bandnudeln vorsichtig vermengen und mit Petersilie bestreuen.

> Die Schnippelei für dieses originelle Gericht ist etwas langwierig, aber der Aufwand lohnt sich. Am schnellsten kommt voran, wer jeweils ein Gemüse längs vor sich auf ein Brett legt und mit einem scharfen Kartoffelschälmesser mit schnellen, schwungvollen Bewegungen vom Körper weg einzelne Streifen abschabt.

Bunter Gemüsekuchen vom Blech

200 g Weizenvollkornmehl
1 Päckchen Trockenhefe
1 TL Vollrohrzucker
1 Prise Salz
1 TL Majoran
6 EL Öl
400 g Zwiebeln, in sehr feine Ringe geschnitten
  (am besten mit der Küchenmaschine)
½ Kohlrabi, in feine Stifte geschnitten
1 Möhre, in dünne Scheiben geschnitten
150 g Zucchini, in Scheiben geschnitten
150 g Blumenkohl, in kleine Röschen geschnitten
Pfeffer
Muskat
0,2 l Weißwein
200 g Joghurt
200 g saure Sahne
3 Eier
1 EL Weizenvollkornmehl
2 Knoblauchzehen, zerdrückt
50 g Parmesankäse, frisch gerieben

Mehl mit Hefe, Zucker, Salz, Majoran und 200 ml lauwarmem Wasser mischen. Mit der Küchenmaschine oder sehr gut bemehlten Händen vier Esslöffel Öl unterkneten. Eventuell noch etwas Mehl zugeben (der Teig darf jedoch ruhig noch etwas kleben). Den Teig an einer warmen Stelle eine Stunde gehen lassen und anschließend auf einem gefetteten Backblech sehr dünn ausrollen.

Zwei Esslöffel Zwiebeln für die Gemüsemischung beiseite legen. Die restlichen Zwiebeln in einem Esslöffel Öl bei mittlerer Hitze etwa 15 Minuten weich dünsten. In einem anderen Topf die zwei Esslöffel Zwiebeln im letzten Esslöffel Öl zusammen mit Kohlrabi, Möhre, Zucchini und Blumenkohl andünsten und mit Salz, Pfeffer und Muskat würzen. Weißwein zugießen und etwa sieben Minuten zugedeckt garen lassen.
Joghurt, saure Sahne, Eier, einen Esslöffel Mehl und Knoblauch verquirlen und auf den Teig streichen. Die Zwiebel- und die Gemüsemischung abwechselnd in breiten diagonalen Streifen darauf verteilen und zum Schluss mit dem Parmesankäse bestreuen. Bei 180 – 200 °C etwa 30 Minuten backen.

Ratatouille

1 große Zwiebel, grob gehackt
2 Knoblauchzehen, grob gehackt
4 EL Olivenöl
500 g Zucchini, gewürfelt
500 g Auberginen, gewürfelt
je 1 roter und 1 grüner Paprika,
*   in schmale Streifen geschnitten*
500 g Tomaten, überbrüht, geschält und gewürfelt
2 TL Kräuter der Provence
Salz
Pfeffer

In einem großen Kochtopf Zwiebel und Knoblauch im Öl andünsten, Zucchini, Auberginen und Paprika zugeben und einige Minuten mitdünsten lassen. Zuletzt die Tomaten und die Kräuter unterrühren, mit Salz und Pfeffer würzen und bei mittlerer Hitze zugedeckt 25 Minuten schmoren lassen.

Zum traditionellen Gemüseeintopf aus der Provence essen wir Vollkornspätzle oder Vollkornreis.

Langzeitpflege

Eingelegtes und Eingemachtes

Antipasto

*600 g Zucchini,
    längs in ½ cm dünne Scheiben geschnitten*
6 EL Olivenöl
4 Knoblauchzehen, gehackt
1 TL Salz
½ TL Pfeffer
½ Bund Basilikum, zerzupft
4 EL Balsamico-Essig

Zucchinischeiben portionsweise in ein bis zwei Esslöffeln Öl leicht braun anbraten. Knoblauch, Salz und Pfeffer mischen. Zucchinischeiben lagenweise in eine breite Schüssel geben, jede Lage mit der Knoblauchmischung bestreichen, mit Basilikum bestreuen und mit etwas Essig beträufeln. Zuletzt den Rest von Öl, Essig und Basilikum darüber geben. Zugedeckt im Kühlschrank ein bis zwei Tage durchziehen lassen. Einige Stunden vor dem Servieren herausnehmen, damit sich das Aroma bei Raumtemperatur so richtig gut entfalten kann.

Als Teil einer italienischen Vorspeisenplatte, als Bestandteil eines Büfetts oder als einzelne Vorspeise mit frisch aufgebackenem Vollkornbaguette gleichermaßen geeignet.

Marinierte Zucchini

600 g Zucchini, in ½ cm dünne Scheiben geschnitten
2 Zwiebeln, in dünne Ringe geschnitten
¼ l Gemüsebrühe
2 Tomaten, überbrüht, geschält und gewürfelt
2 EL Zitronensaft
Salz
Pfeffer
2 EL Öl
2 EL Kapern

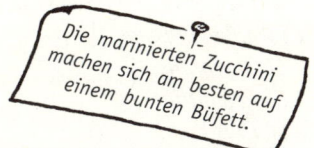

Die marinierten Zucchini machen sich am besten auf einem bunten Büfett.

Zucchinischeiben und Zwiebelringe in der Brühe fünf Minuten kochen und herausnehmen. Tomaten in die Brühe geben und etwas einkochen lassen. Mit Zitronensaft, Salz, Pfeffer, Öl und Kapern verrühren und über die Zucchini gießen. Mindestens zwei Stunden durchziehen lassen.

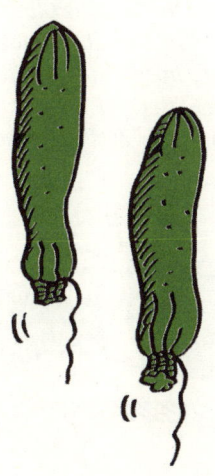

Eingelegte Zucchini

1 kg Zucchini, in dicke Scheiben
   oder grobe Stifte geschnitten
4 Knoblauchzehen, grob zerkleinert
4 Schalotten, grob zerkleinert
4 kleine getrocknete Chilischoten
1 l Weißweinessig
1 EL Thymian
1 EL Rosmarin
1 EL Dillsamen
1 EL Senfkörner
175 g Vollrohrzucker
1 EL Salz

> Wie Gewürzgurken zu verwenden. In schönen Gläsern auch ein nettes Mitbringsel für Pickle-Fans.

Zucchini, Knoblauch, Schalotten und Chilischoten in saubere, heiß ausgespülte Gläser mit Twist-Off-Deckeln schichten. Essig mit einem Liter Wasser und den restlichen Zutaten 5 Minuten kochen und über die Zucchini gießen. Die Gläser abdecken und 24 Stunden ruhen lassen. Nun den Sud wieder zurück in einen Topf gießen, das Ganze noch einmal aufkochen und zurück in die Gläser geben. Die Gläser gleich verschließen. Im Kühlschrank halten sich die eingelegten Zucchini etwa sechs Monate.

Gebeizter Zucchini-Fächer

500 g Zucchini
3 EL Olivenöl
8 EL Weißwein
2 EL Zitronensaft
1 Zwiebel
50 g Fenchel
etwas Fenchelgrün
50 g Sellerie
einige Sellerieblätter
1 TL Pfefferkörner
2 Lorbeerblätter
1 EL Thymian
Salz

Besonders attraktiv als Teil eines Büfetts!

Zucchini im Ganzen fünf Minuten in kochendem Salzwasser blanchieren, längs in dünne Scheiben schneiden und fächerartig in eine breite, feuerfeste Schüssel legen. Restliche Zutaten mit 100 – 150 ml Wasser fünf Minuten köcheln lassen und über die Zucchini gießen. Die Schüssel auf die ausgestellte Kochplatte stellen, langsam auskühlen und mindestens 12 Stunden durchziehen lassen. Kalt mit frischem Vollkornbrot servieren.

Salsa

250 g Zucchini, grob geraspelt
50 g Zwiebeln, gehackt
1 Chili oder Peperoni, mit den Kernen fein gehackt
1 EL Salz
400 g Tomaten, überbrüht, geschält und gewürfelt
4 EL Vollrohrzucker
8 EL Essig
1 Knoblauchzehe, zerdrückt
1 TL Senfkörner
½ TL grob gemahlener Pfeffer
¼ TL Paprikapulver
¼ TL Muskat
¼ TL Cumin (Kreuzkümmel)
¼ TL Kurkuma (Gelbwurz)

Zucchini, Zwiebeln und Chili mit dem Salz vermischen und über Nacht zugedeckt ziehen lassen. In ein Sieb drücken und gut abtropfen lassen. Mit den restlichen Zutaten verrühren, 30 Minuten kochen lassen und im Mixer oder mit dem Pürierstab grob pürieren.

Ob als Dip, zu Bratlingen und Fondue oder als Sauce zu Nudeln und Reis – wer's gern so richtig schön scharf mag, findet für die mexikanische Salsa vielerlei Verwendung. Den Schärfegrad kann jede/r durch die verwendete Chilimenge selbst bestimmen. In saubere, heiß ausgespülte Gläser mit Twist-Off-Deckeln gefüllt, ist die Salsa einige Monate haltbar.

Relish

250 g Zucchini, grob geraspelt
50 g Zwiebeln, gehackt
1 grüner Paprika, fein gewürfelt
1 EL Salz
½ roter Paprika, fein gewürfelt
8 EL Vollrohrzucker
10 EL Essig
½ TL Senfkörner
¼ TL Kurkuma (Gelbwurz)
¼ TL Muskat
¼ TL grob gemahlener Pfeffer

> Die würzige Paste schmeckt besonders gut zu Bratlingen und Gemüseburgern.

Zucchini, Zwiebeln und grünen Paprika mit Salz vermischen und über Nacht zugedeckt ziehenlassen. In ein Sieb drücken und gut abtropfen lassen. Mit den restlichen Zutaten verrühren, 30 Minuten kochen lassen und im Mixer oder mit dem Pürierstab grob pürieren. In saubere, heiß ausgespülte Gläser mit Twist-Off-Deckeln füllen und gut verschließen.

Apfel-Zucchini-Konfitüre

500 g saure Äpfel, fein gerieben
500 g Zucchini, fein geraspelt
1 Zitrone, ausgepresst
400 g Vollrohrzucker
1 Päckchen Konfigel (Pektin)

Alle Zutaten in einem hohen Kochtopf mischen und unter Rühren zum Kochen bringen. Eventuell mit dem Pürierstab kurz anpürieren. Drei Minuten sprudelnd kochen lassen und dabei ständig rühren. Sofort in mit heißem Wasser ausgespülte Twist-Off-Gläser füllen. Gläser fest zudrehen, auf den Kopf stellen (damit sich ein Vakuum bildet) und abkühlen lassen.

> Anna-Mai Weitz aus Kokkolu in Finnland verdanke ich die beiden leckeren Konfitüre-Rezepte – eine echte Bereicherung für jeden Frühstückstisch!

Finnische Zucchini-Vogelbeeren-Konfitüre

500 g Vogelbeeren
100 ml Wasser
1 kg Zucchini, fein geraspelt
700 g Vollrohrzucker
1 ½ Päckchen Konfigel (Pektin)

Vogelbeeren im Wasser weich kochen (eventuell noch etwas Wasser nachgießen), in einem hohen Kochtopf mit Zucchini, Zucker und Konfigel mischen und unter Rühren zum Kochen bringen. Eventuell mit dem Pürierstab kurz anpürieren. Drei Minuten sprudelnd kochen und dabei ständig rühren. Sofort in mit heißem Wasser ausgespülte Twist-Off-Gläser füllen. Gläser fest zudrehen, auf den Kopf stellen (damit sich ein Vakuum bildet) und abkühlen lassen.

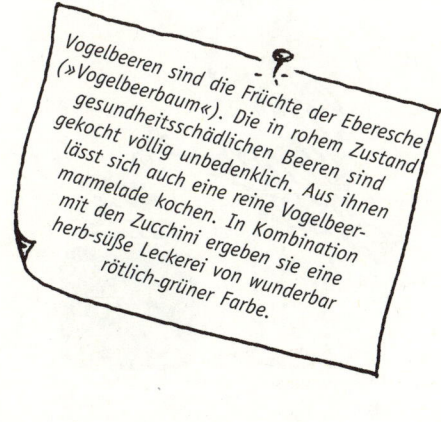

Vogelbeeren sind die Früchte der Eberesche (»Vogelbeerbaum«). Die in rohem Zustand gesundheitsschädlichen Beeren sind gekocht völlig unbedenklich. Aus ihnen lässt sich auch eine reine Vogelbeermarmelade kochen. In Kombination mit den Zucchini ergeben sie eine herb-süße Leckerei von wunderbar rötlich-grüner Farbe.

Zucchini süß-sauer

350 ml Essig
6 EL Honig oder Vollrohrzucker
1 TL Senfkörner
1 TL Dillsamen
½ TL Fenchelsamen
1 Prise Salz
400 g Zucchini, geschält und gewürfelt

Essig, Honig oder Zucker und Gewürze mit 150 ml Wasser mischen und zum Kochen bringen. Zucchini zugeben und köcheln lassen, bis die Zucchiniwürfel gerade glasig werden. In saubere, heiß ausgespülte Gläser mit Twist-Off-Deckeln geben, mit der Flüssigkeit übergießen und fest verschließen.

Emily's Marmalade

400 g gelbe Zucchini, grob geraspelt
600 g Orangenfruchtfleisch, klein geschnitten
dünn abgeschälte Schale von 1 – 2 unbehandelten
  Orangen, in sehr feine Streifen geschnitten
1 Zitrone, geschält und klein geschnitten
400 g Vollrohrzucker
1 Päckchen Konfigel (Pektin)

Alle Zutaten in einem hohen Kochtopf mischen und unter Rühren zum Kochen bringen. Eventuell mit dem Pürierstab kurz anpürieren. Drei Minuten sprudelnd kochen lassen und dabei ständig rühren. Sofort in mit heißem Wasser ausgespülte Twist-Off-Gläser füllen. Gläser fest zudrehen, auf den Kopf stellen (damit sich ein Vakuum bildet) und abkühlen lassen.

> Wer die herbe englische Orangenkonfitüre mag, findet bestimmt auch an dieser Variante Gefallen. Am besten schmeckt sie mit bitteren Wildorangen, aber ganz normale Apfelsinen tun es auch. Gelbe Zucchini verleihen der »marmalade« eine besonders schöne Farbe.

Süße Nachsorge
Kuchen und Desserts

Gebackener Zucchini-Pudding

200 g Zucchini, grob geraspelt
1 Ei
3 – 4 EL Honig
1 EL Weizenvollkornmehl
200 ml Schlagsahne oder Sojamilch
1 ½ TL Zimt
½ TL Nelken, gemahlen
½ TL Salz
¼ TL Muskat, gemahlen
1 TL Ingwer, gemahlen
etwas Vanille-Sojacreme oder
   mit Milch gekochte Vanillesauce
2 EL Kakao

> DER Zucchini-Nachtisch für kühle Herbsttage! Cremig, süß-würzig und dank der vielen Gewürze ein kleiner Vorgeschmack auf gemütliche Advents-Dämmerstündchen!

Zucchini, Ei, Honig, Mehl, Sahne oder Sojamilch und Gewürze vermischen und im Mixer oder mit dem Pürierstab fein pürieren. In eine ofenfeste Form gießen und zunächst zehn Minuten bei 250 – 270 °C, dann 30 Minuten bei 180 – 200 °C backen. Mit Sojacreme oder Vanillesauce bedecken und mit Kakao bestreuen.

Pancakes mit Ahornsirup

2 Eier
½ TL Salz
1 Tasse Milch
1 EL Honig
1 ½ Tassen Weizenvollkornmehl
3 TL Weinstein-Backpulver
1 Tasse Zucchini, grob geraspelt
Öl zum Ausbacken
Ahornsirup

Eier schaumig schlagen, Salz, Milch und Honig unterrühren. Mehl und Backpulver mischen und einrühren. Zuletzt die Zucchiniraspeln unterheben. Löffelweise in eine Pfanne mit heißem Öl geben und zu kleinen, dicken Pfannkuchen von etwa 10 cm Durchmesser verstreichen. Wenn der Teig Blasen wirft, umdrehen und von der anderen Seite goldbraun ausbacken. Noch warm mit reichlich Ahornsirup oder frischem Kompott servieren.

> Pancakes mit Ahornsirup werden in Amerika zum Frühstück verzehrt. Sie schmecken aber auch zu Tee oder Kaffee am Nachmittag oder als leckeres, sättigendes Dessert nach einer nicht allzu üppigen Mahlzeit, z. B. nach einem Salat oder einer Suppe.

Zucchini-Pie

2 Tassen Weizenvollkornmehl
1 TL Weinstein-Backpulver
1 TL Salz
⅔ Tasse Butter oder Margarine
5 – 7 EL kaltes Wasser
2 Eier
¾ Tasse Vollrohrzucker
1 ½ Tassen Zucchini, grob geraspelt
¾ Tasse Schlagsahne
¾ Tasse Milch
1 EL Weizenvollkornmehl
½ TL Salz
¼ TL Muskatnuss, frisch gerieben
1 TL Ingwer, gemahlen
1 ½ TL Zimt, gemahlen
½ TL Nelken, gemahlen

Mehl, Backpulver, Salz, Butter oder Margarine und Wasser zu einem Teig verkneten und eine Stunde an einem kühlen Ort ruhen lassen. Zwei Drittel des Teigs auf dem Boden einer gefetteten Springform verteilen, aus dem Rest einen Rand formen. Bei 180 – 200 °C etwa 20 Minuten backen. Inzwischen die restlichen Zutaten vermischen, im Mixer oder mit dem Pürierstab sehr fein pürieren und den vorgebackenen Teig damit füllen. Zunächst 15 Minuten bei 200 – 220 °C, dann etwa 50 Minuten bei 175 – 180 °C backen. Noch leicht warm mit Vanilleeis und Schlagsahne servieren.

Dattel-Nuss-Schnitten

2 Eier
100 g Vollrohrzucker
1 EL Öl
1 Vanilleschote, ausgekratzt
½ TL Salz
1 TL Zimt
130 g Weizenvollkornmehl
2 ½ TL Weinstein-Backpulver
250 g Zucchini, grob geraspelt
150 g Datteln, entkernt und nicht allzu fein gehackt
80 g Walnüsse, grob gehackt
250 ml Schlagsahne

Eier schaumig rühren, mit Zucker, Öl, Vanillemark, Salz und Zimt verrühren. Mehl und Backpulver mischen und nach und nach unterschlagen. Zuletzt Zucchini, Datteln und Walnüsse unterheben. Eine viereckige, flache Kuchenform oder eine Springform einfetten und die Masse hineingießen. Bei 160–180 °C etwa eine Stunde backen und abkühlen lassen. In portionsgerechte Stücke schneiden und mit aufgeschlagener Sahne servieren.

Amerikanischer Zucchinikuchen

3 Eier
1 Tasse Öl
2 Tassen Ahornsirup oder Honig
2 Tassen grob geraspelte Zucchini
1 Vanilleschote, ausgekratzt
4 Tassen Weizenvollkornmehl
1 Päckchen Weinstein-Backpulver
1 TL Zimt
1 TL Salz
½ Tasse Nüsse oder Mandeln, gehackt

Eier schaumig schlagen, mit Öl, Sirup oder Honig, Zucchini und Vanillemark mischen. Mehl, Backpulver, Zimt und Salz zugeben und gut verrühren. Zum Schluss die Nüsse untermischen und die cremige Masse in zwei gefettete Kastenformen füllen. Bei 170 – 190 °C etwa eine Stunde backen.

Ein süßer Klassiker, der leicht zuzubereiten ist, in seiner Kastenform bequem in jede Picknicktasche passt und als origineller Genuss an der feinen Kaffeetafel ebenso reißenden Absatz findet wie als schmackhafte Stärkung am Badesee.
Weil es so schön einfach ist, habe ich die amerikanischen Mengenangaben in Tassen beibehalten. Als Maßeinheit eignet sich jede größere Tasse oder ein kleiner Becher – Hauptsache, die Relationen stimmen!

Saftiger Zucchini-Schokoladen-Kuchen

120 g weiche Butter oder Margarine
3 Eier
150 g Honig
75 ml Milch
1 Vanilleschote, ausgekratzt
350 g Zucchini, grob geraspelt
300 g Vollkornweizenmehl
2 ½ TL Weinstein-Backpulver
50 g Kakao
½ TL Salz
1 TL Zimt
1 unbehandelte Apfelsine
2 EL Honig
2 EL Pistazienkerne, gehackt

Butter oder Margarine schaumig schlagen, mit Eiern, Honig, Milch, Vanillemark und Zucchini vermischen. Mehl, Backpulver, Kakao, Salz und Zimt unterrühren, den Teig in eine gefettete Springform geben und mit einem in heißes Wasser getauchten Löffel glatt streichen. Bei 180 – 200 °C etwa 40 Minuten backen (Gabeltest!) und abkühlen lassen. Apfelsine auspressen. Schale zur Hälfte abreiben, zur Hälfte in dünnen Ringeln abschälen. Honig, Apfelsinensaft und abgeriebene Schale vermischen und auf den abgekühlten Kuchen streichen. Mit geringelter Schale und gehackten Pistazienkernen garnieren.

Ananas-Zucchini-Torte

3 Eier
350 g Honig
1 Vanilleschote, ausgekratzt
250 ml Öl
250 g Zucchini, geraspelt
300 g Weizenvollkornmehl
½ Päckchen Weinstein-Backpulver
1 Prise Salz
1 TL Zimt
120 g Wal- oder Haselnüsse, gehackt
80 g Rosinen
450 g frische Ananas, sehr klein geschnitten
500 g Frischkäse oder Vanille-Sojacreme
eventuell etwas Johannisbrotkernmehl
5 EL Ananas-Konfitüre
2 – 3 EL Kakao
Ananasstückchen, bunte Blüten oder Süßigkeiten
   zum Garnieren

Eier schaumig schlagen. Honig, Vanille, Öl und Zucchini unterrühren. Nach und nach Mehl, Backpulver, Gewürze, Nüsse, Rosinen und zuletzt die Ananas zugeben. In drei Springformen

oder nacheinander in einer Springform bei 180 – 200 °C jeweils 35 Minuten backen und auskühlen lassen. Frischkäse und Konfitüre mischen. (Wer lieber Vanille-Sojacreme nimmt, muss die Mischung mit etwas Johannisbrotkernmehl andicken.) Einen der drei Tortenböden mit einem Drittel der Creme bestreichen, den zweiten Tortenboden auflegen und mit dem zweiten Drittel bestreichen. Zum Schluss den letzten Tortenboden auflegen und mit dem Rest der Creme bedecken. Rand mit einem in heißes Wasser getauchten Messer glatt streichen. Mit Kakao bestäuben und nach Lust und Laune mit Ananasstückchen, bunten Blüten oder Süßigkeiten garnieren.

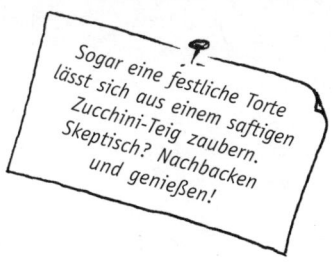

Sogar eine festliche Torte lässt sich aus einem saftigen Zucchini-Teig zaubern. Skeptisch? Nachbacken und genießen!

Möhren-Zucchini-Torte

2 Eier
120 g Vollrohrzucker
80 ml Öl
150 g Mehl
1 TL Weinstein-Backpulver
1 TL Zimt, gemahlen
½ TL Nelken, gemahlen
½ TL Piment, gemahlen
½ TL Ingwer, gemahlen
1 Prise Muskat, gemahlen
½ TL Salz
150 g Möhren, grob geraspelt
150 g Zucchini, grob geraspelt
50 g Walnüsse, grob gehackt
2 TL weiche Butter oder Margarine
100 g Frischkäse
2 EL Vollrohrzucker
½ Vanilleschote, ausgekratzt
frische Blüten oder andere bunte Köstlichkeiten
   zum Verzieren

> Auch diese Torte lässt sich festlich verzieren und eignet sich hervorragend als Geburtstagsüberraschung.

Eier schaumig schlagen, nach und nach Zucker und Öl zugeben und weiterschlagen. Mehl, Backpulver und Gewürze mischen und unterrühren. Zum Schluss Möhren, Zucchini und Walnüsse unterheben und in einer gefetteten Springform bei 180 – 200 °C etwa 50 Minuten backen. Butter mit Frischkäse, Zucker und Vanillemark cremig rühren und über den abgekühlten Kuchen streichen. Nach Belieben verzieren.

Zucchini-Plätzchen

1 Ei
½ Tasse Butter oder Margarine
½ Tasse Honig
1 Tasse Zucchini, grob geraspelt
1 ½ Tassen Weizenvollkornmehl
½ TL Weinstein-Backpulver
½ TL Salz
½ TL Muskat
½ TL Zimt
¼ TL Nelken, gemahlen
½ Tasse Haferflocken
1 Tasse getrocknete Aprikosen, fein gewürfelt
1 Tasse Walnüsse, gehackt
½ Tasse Kokosraspeln

Genau das Richtige für einen gemütlichen five o'clock tea!

Ei schaumig schlagen und nach und nach alle restlichen Zutaten unterrühren. Die Masse esslöffelweise auf ein gefettetes Backblech setzen und bei 180 – 200 °C etwa 20 – 25 Minuten backen, bis die Plätzchen so richtig schön goldbraun und knusprig aussehen.

Muffins

1 Ei
50 g Vollrohrzucker
3 EL Öl
4 EL Wasser
100 g Weizenvollkornmehl
1 TL Weinstein-Backpulver
1 Prise Salz
1 Prise Muskat
120 g Zucchini, grob geraspelt
40 g Rosinen
40 g Walnüsse, gehackt oder grob gemahlen

Ei schaumig schlagen, Zucker, Öl und Wasser unterrühren. Mehl mit Backpulver mischen und unterschlagen. Zum Schluss Salz, Muskat, Zucchini, Rosinen und Walnüsse in den Teig rühren. Sechs gefettete Förmchen mit dem Teig zu etwa zwei Dritteln füllen. Bei 180 – 200 °C etwa 25 Minuten backen.

> Muffins sind kleine süße Kuchen, die in Amerika zum Frühstück oder zum Kaffee gegessen werden. Es gibt spezielle Muffin-Bleche mit entsprechenden Vertiefungen für den Teig, die es auch in deutschen Haushaltsgeschäften zu kaufen gibt. Eine andere Möglichkeit besteht darin, mehrere Papierförmchen ineinander zu stecken, damit sie stabiler sind. Aber auch Pastetenförmchen oder feuerfeste Töpfchen mit etwa 5 cm Durchmesser lassen sich verwenden. Dieses Rezept reicht für sechs Muffins.

Feiner Zucchinikuchen mit Orangenlikör

120 g weiche Butter oder Margarine
100 g Vollrohrzucker
1 Vanilleschote, ausgekratzt
4 EL Orangenlikör
2 TL geriebene Schale einer unbehandelten Orange
3 Eier
150 g Zucchini, grob geraspelt
200 g Weizenvollkornmehl

Butter oder Margarine mit dem Zucker cremig schlagen. Vanillemark, Likör und Orangenschale unterrühren. Eier trennen. Eigelb nacheinander unter die Butter-Zucker-Masse schlagen. Mit den Zucchiniraspeln und dem Mehl vermischen. Eiweiß sehr steif schlagen und vorsichtig unter den Teig heben. In eine gefettete Kastenform geben und bei 180 – 200 °C 50 – 60 Minuten backen (Gabeltest!). Auskühlen lassen und vorsichtig stürzen.

Für alle, die selbst gemachten Orangenlikör genießen wollen, hier Uwe Wedemeyers Spezialrezept:
600 – 700 g bittere Orangen und/oder Mandarinen sowie 1 Zitrone schälen und in kleine Stücke schneiden. Mit 600 – 700 g Honig oder Kandiszucker, 1 Zimtstange, 12 Nelken, 20 Pfefferkörnern, je 6 Kapseln grünem und schwarzem Kardamom und 750 ml Doppelkorn mischen und nochmals sechs Wochen durchziehen lassen, abseihen und nochmals vier bis sechs Wochen ruhen lassen.

Die Autorin

Irmela Erckenbrecht, Jahrgang 1958, lebt bei Göttingen. Sie ist im Hauptberuf Übersetzerin für Sach- und Kinderbücher, vor allem aber für literarische Werke aus England, Irland und Nordamerika.

Sie hat im pala-verlag außer »Zucchini« bereits die folgenden Bücher veröffentlicht:

Querbeet – Vegetarisch kochen rund ums Gartenjahr

Das vegetarische Baby
– Schwangerschaft, Stillzeit, Erstes Lebensjahr

So schmeckt's Kindern vegetarisch

Die Kräuterspirale – Bauanleitung, Kräuterportraits, Rezepte

Erbsenalarm!

Das Wechseljahre-Kochbuch

Die Illustratorin

Renate Alf, Jahrgang 1956, machte eine Ausbildung als Lehrerin für Biologie und Französisch. Seit 1983 ist sie als Cartoonistin tätig und durch zahlreiche Bücher sowie durch regelmäßig in vielen Tageszeitungen und Zeitschriften erscheinende Cartoons einem breiten Publikum bekannt.
Sie hat vier Kinder und lebt mit ihrer Familie in Freiburg.

Im pala-verlag sind die Titel Vollwert-Naschereien, Zucchini, Vegetarisch grillen, Köstliche Kürbis-Küche, Das Buch vom guten Pfannkuchen, Alles Tomate!, Spargelzeit! sowie Erbsenalarm! mit Illustrationen von Renate Alf erschienen.
Im Herder Verlag (Freiburg) sind von ihr lieferbar: Cartoons für Erzieherinnen, Neue Cartoons für Erzieherinnen sowie Erziehungsalltag!
Bei Lappan (Oldenburg) ist Auf die Plätze – vierzig – los! erschienen.

Rezepte von A – Z

Amerikanischer Zucchinikuchen 144
Ananas-Zucchini-Torte 146
Angersteiner Blütentraum 105
Antipasto 128
Apfel-Zucchini-Konfitüre 134
Appetithäppchen 20
Artischocken mit zwei verschiedenen Zucchini-
    Dips 28
Artischocken-Zucchini-Salat 55
Auberginen-Zucchini-Lasagne 117
Ausgebackene Zucchiniblüten mit
    Ziegenkäsefüllung 25
Ausgebackene Zucchinischeiben 65
Austernpilz-Zucchini-Gratin 120

Baby-Zucchini in Tomatensauce 68
Bierteig-Doppeldecker mit Pellkartoffeln
    und Tomatenquark 115
Blütensuppe 36
Blütentraum 105
Buletten 63
Bunter Gemüsekuchen vom Blech 122
Bunter Sommersalat 50

Champignon-Zucchini-Salat 53
Champignons, Zucchini gefüllt mit 88
Corn Bread (Maisbrot mit Zucchini) 73
Curry-Reis mit Zucchini und Ananas 95

Dattel-Nuss-Schnitten 143
Deftiges Landbrot 72

Eierpfannkuchen mit Zucchinifüllung 107
Eingelegte Zucchini 130
Eintopf 47
Enchiladas 97
Erbsen-Zucchini-Gemüse mit Quark 70

Falsche Nudeln mit Käsesauce 121
Feiner Zucchinikuchen mit Orangenlikör ... 151
Fenchel-Zucchini-Platte mit Pfifferlingen .. 109
Finn. Zucchini-Vogelbeeren-Konfitüre 135
Fitness-Drink 32

Gartensalat 59
Gazpacho (Kalte Gemüsesuppe) 43

Gebackener Zucchini-Pudding 140
Gebeizter Zucchini-Fächer 131
Gefüllte Zucchini, Grundrezept 78
Gefüllte Zucchiniblüten 22
Gemüse-Brotaufstrich 74
Gemüsekuchen vom Blech 122
Gemüsepfanne, indisch 111
Glasiertes Zucchini-Gemüse 66
Grüne Buletten 63
Grüne Lasagne 102
Grüner Kräutertrunk 30
Grüner Zucchini-Dip 28
Grünkern-Gemüse-Pfanne 101
Grünkernfüllung, Zucchini mit 81
Gurken-Zucchini-Salat 51

Herzhafter Zucchini-Käse-Kuchen 71
Hirse-Zucchini-Soufflé 103
Hirsefüllung, Zucchini mit 84

Indische Gemüsepfanne 111

Kalte Zucchini-Joghurt-Suppe 40
Karins Raspelsuppe 46
Käse-Oliven-Reiter 23
Käse-Spätzle-Füllung, Zucchini mit 83
Käse-Zucchini-Makkaroni 106
Körnerauflauf 113
Kräutertrunk 30

Landbrot 72
Lasagne 102
Lauch-Zucchini-Salat 56
Leichte Zucchinisuppe 41
Linsensuppe mit Zucchini und Zitrone 44

Maisbrot mit Zucchini 73
Maisfüllung, Zucchini mit 79
Makkaroni mit Zucchini und Käse 106
Marinierte Zucchini 129
Marmelade 137
Martins Zucchinicreme 45
Melonen-Zucchini-Salat 58
Mexikanische Enchiladas 97
Minestrone 39
Mittelmeertopf à la Ursula 119

154

Möhren-Zucchini-Gemüse 67
Möhren-Zucchini-Torte 148
Morgen-Munter-Macher
   (Tomaten-Zucchini-Drink) 31
Mozzarella-Zucchini-Auflauf 96
Muffins 150

Nörten-Harden-Burger 104
Nudeln (falsche) mit Käsesauce 121
Nudeln mit Zucchini-Käse-Sauce 94

Omelett mit Zucchini 108
Orangenlikör-Zucchini-Kuchen 151

Pancakes mit Ahornsirup 141
Pfannkuchen mit Zucchinifüllung 107
Pfifferlinge, Zucchini gefüllt mit 87
Pie mit Zucchini 142
Pizza 92
Pizza verkehrt 93
Plätzchen mit Zucchini 149
Pudding mit Zucchini, gebacken 140

Quiche Rot-Grün 112

Raspelsuppe 46
Ratatouille 124
Reissalat 52
Relish 133
Röhrchennudeln m. Zucchini-Käse-Sauce .. 94
Roter Zucchini-Dip 29

Saftige Pizza 92
Saftiger Körnerauflauf 113
Saftiger Zucchini-Schokoladenkuchen 145
Sahniges Zucchini-Gemüse mit Dill 69
Salsa 132
Schafskäse-Gratin 110
Schafskäsefüllung, Zucchini mit 80
Schokoladen-Zucchinikuchen 145
Sellerie-Walnuss-Füllung, Zucchini mit 86
Sommersalat mit Zucchini 50
Spaghetti mit Zucchinisauce 118
Spinat-Zucchini-Creme 37
Spinatfüllung, Zucchini mit 82
Süß-saure Zucchini 136

Tofu-Zucchini-Gratin 99
Tomaten mit Zucchinifüllung 100

Tomatensuppe mit Zucchini 42
Türkische Zucchini-Kroketten 62

Vogelbeeren-Zucchini-Konfitüre 135

Warmer Zucchinisalat 57
Weiße Blütensuppe 36
Wildreisfüllung, Zucchini mit 85
Wrigley's Gartensalat 59

Zitronen-Zucchini-Salat 54
Zucchini, eingelegt 130
Zucchini exotisch 98
Zucchini, mariniert 129
Zucchini süß-sauer 136
Zucchini vom Blech mit Hirsekruste 116
Zucchini-Apfel-Suppe 38
Zucchini-Artischocken-Salat 55
Zucchiniblüten, gefüllt 22
Zucchiniblüten italienisch 26
Zucchiniblüten mit Ziegenkäsefüllung 25
Zucchini-Chips 21
Zucchinicreme 45
Zucchini-Curry-Reis mit Ananas 95
Zucchini-Eintopf 47
Zucchini-Fächer, gebeizt 131
Zucchini-Fladen mit Blumenkohl
   und Basilikum-Käse-Quark 114
Zucchini-Gemüse, glasiert 66
Zucchini-Gemüse mit Dill 69
Zucchini-Hirse-Soufflé 103
Zucchini-Joghurt-Suppe, kalt 40
Zucchini-Käse-Kuchen, herzhaft 71
Zucchini-Kroketten, türkisch 62
Zucchinikuchen, amerikanisch 144
Zucchini-Lauch-Salat 56
Zucchini-Linsensuppe mit Zitrone 44
Zucchini-Mozzarella-Auflauf 96
Zucchini-Omelett 108
Zucchini-Pie 142
Zucchini-Plätzchen 149
Zucchini-Puffer 64
Zucchinisalat, warm 57
Zucchinischeiben, ausgebacken 65
Zucchinischeiben mit Salbei 27
Zucchini-Sticks 24
Zucchinisuppe, leicht 41
Zucchini-Tofu-Gratin 99
Zucchini-Zitronen-Salat 54

Rezeptverzeichnis nach Sachgruppen

Vorspeisen

Appetithäppchen	20
Artischocken mit Zucchini-Dips	28
Ausgebackene Zucchiniblüten mit Ziegenkäsefüllung	25
Gefüllte Zucchiniblüten	22
Käse-Oliven-Reiter	23
Zucchiniblüten italienisch	26
Zucchini-Chips	21
Zucchinischeiben mit Salbei	27
Zucchini-Sticks	24

Getränke

Fitness-Drink	32
Grüner Kräutertrunk	30
Morgen-Munter-Macher (Tomaten-Zucchini-Drink)	31

Suppen

Gazpacho (Kalte Gemüsesuppe)	43
Kalte Zucchini-Joghurt-Suppe	40
Karins Raspelsuppe	46
Leichte Zucchinisuppe	41
Martins Zucchinicreme	45
Minestrone	39
Spinat-Zucchini-Creme	37
Tomatensuppe mit Zucchini	42
Weiße Blütensuppe	36
Zucchini-Apfel-Suppe	38
Zucchini-Eintopf	47
Zucchini-Linsensuppe mit Zitrone	44

Salate

Bunter Sommersalat	50
Geknofelter Zucchini-Champignon-Salat	53
Gurken-Zucchini-Salat	51
Melonen-Zucchini-Salat	58
Reissalat	52
Warmer Zucchinisalat	57
Wrigley's Gartensalat	59
Zucchini-Artischocken-Salat	55
Zucchini-Lauch-Salat	56
Zucchini-Zitronen-Salat	54

Bratlinge, Brote und Beilagen

Ausgebackene Zucchinischeiben	65
Baby-Zucchini in Tomatensauce	68
Corn Bread (Maisbrot mit Zucchini)	73
Deftiges Landbrot	72
Erbsen-Zucchini-Gemüse mit Quark	70
Gemüse-Brotaufstrich	74
Glasiertes Zucchini-Gemüse	66
Grüne Buletten	63
Herzhafter Zucchini-Käse-Kuchen	71
Möhren-Zucchini-Gemüse	67
Sahniges Zucchini-Gemüse mit Dill	69
Türkische Zucchini-Kroketten	62
Zucchini-Puffer	64

Gefüllte Zucchini

Champignonfüllung	88
Grundrezept: Gefüllte Zucchini	78
Grünkernfüllung	81
Hirsefüllung	84
Käse-Spätzle-Füllung	83
Maisfüllung	79
Pfifferlingfüllung	87
Schafskäsefüllung	80
Sellerie-Walnuss-Füllung	86
Spinatfüllung	82
Wildreisfüllung	85

Aufläufe, Soufflés und Gratins

Auberginen-Zucchini-Lasagne	117
Austernpilz-Zucchini-Gratin	120
Saftiger Körnerauflauf	113
Schafskäse-Gratin	110
Zucchini-Hirse-Soufflé	103
Zucchini-Mozzarella-Auflauf	96
Zucchini-Tofu-Gratin	99

Pfannengerichte

Eierpfannkuchen mit Zucchinifüllung	107
Grünkern-Gemüse-Pfanne	101
Indische Gemüsepfanne	111
Zucchini-Omelett	108

Nudeln, Pizzen und Gemüsekuchen

Angersteiner Blütentraum 105
Bunter Gemüsekuchen vom Blech 122
Grüne Lasagne 102
Käse-Zucchini-Makkaroni 106
Pizza verkehrt 93
Quiche Rot-Grün 112
Röhrchennudeln mit
   Zucchini-Käse-Sauce 94
Saftige Pizza 92
Spaghetti mit Zucchinisauce 118

Andere Hauptgerichte

Bierteig-Doppeldecker mit Pellkartoffeln
   und Tomatenquark 115
Falsche Nudeln mit Käsesauce 121
Fenchel-Zucchini-Platte mit Pfifferlingen 109
Mexikanische Enchiladas 97
Mittelmeertopf à la Ursula 119
Nörten-Harden-Burger 104
Ratatouille 124
Tomaten mit Zucchinifüllung 100
Zucchini-Curry-Reis mit Ananas 95
Zucchini exotisch 98
Zucchini-Fladen mit Blumenkohl
   und Basilikum-Käse-Quark 114
Zucchini vom Blech mit Hirsekruste 116

Mariniertes und Eingelegtes

Antipasto 128
Eingelegte Zucchini 130
Gebeizter Zucchini-Fächer 131
Marinierte Zucchini 129
Relish 133
Salsa 132
Zucchini süß-sauer 136

Konfitüren

Apfel-Zucchini-Konfitüre 134
Emily's Marmalade 137
Finn. Zucchini-Vogelbeeren-Konfitüre 135

Desserts

Dattel-Nuss-Schnitten 143
Gebackener Zucchini-Pudding 140
Pancakes mit Ahornsirup 141
Zucchini-Pie 142

Süße Kuchen

Amerikanischer Zucchinikuchen 144
Ananas-Zucchini-Torte 146
Feiner Zucchinikuchen mit Orangenlikör ... 151
Möhren-Zucchini-Torte 148
Muffins 150
Saftiger Zucchini-Schokoladen-Kuchen 145
Zucchini-Plätzchen 149

Andere Bücher von Irmela Erckenbrecht

Irmela Erckenbrecht:
Das vegetarische Baby
ISBN: 3-89566-143-0

Irmela Erckenbrecht:
So schmeckt's Kindern vegetarisch
ISBN: 3-89566-170-8

Irmela Erckenbrecht:
Querbeet
ISBN: 3-89566-163-5

Irmela Erckenbrecht:
Die Kräuterspirale
ISBN: 3-89566-190-2

Vollwertküche mit Renate Alf

Irmela Erckenbrecht:
Erbsenalarm!
ISBN: 3-89566-201-1

Klaus Weber:
Das Buch vom guten Pfannkuchen
ISBN: 3-89566-151-1

Petra und Joachim Skibbe:
Köstliche Kürbis-Küche
ISBN: 3-89566-150-3

Claudia Schmidt:
Alles Tomate!
ISBN: 3-89566-173-2

pala-verlag • Postfach 11 11 22 • 64226 Darmstadt
www.pala-verlag.de

ISBN: 3-89566-200-3
© 2005: pala-verlag, Rheinstr. 35, 64283 Darmstadt
www.pala-verlag.de
2. Auflage der überarbeiteten Neuauflage von 2004
Alle Rechte vorbehalten
Lektorat: Ute Galter
Cartoons und Umschlagillustration: Renate Alf
Zettel-Zeichnungen: Sabine Hoff
Druck und Bindung: freiburger grafische Betriebe
www.fgb.de